TOUCHDOWN!

100 HISTÓRIAS DIVERTIDAS, CURIOSAS E INUSITADAS DO
FUTEBOL AMERICANO

PAULO MANCHA

TOUCHDOWN!

100 HISTÓRIAS DIVERTIDAS, CURIOSAS E INUSITADAS DO FUTEBOL AMERICANO

2ª impressão

PANDA BOOKS

© Paulo Mancha

Diretor editorial
Marcelo Duarte

Diretora comercial
Patty Pachas

Diretora de projetos especiais
Tatiana Fulas

Coordenadora editorial
Vanessa Sayuri Sawada

Assistentes editoriais
Juliana Silva
Mayara dos Santos Freitas

Assistente de arte
Mislaine Barbosa

Projeto gráfico e diagramação
Carolina Ferreira

Capa
Mario Kanegae

Preparação
Beatriz de Freitas Moreira

Revisão
Juliana de Araujo Rodrigues

Impressão
Orgrafic

CIP – BRASIL. CATALOGAÇÃO NA FONTE
SINDICATO NACIONAL DOS EDITORES DE LIVROS, RJ

Mancha, Paulo
Touchdown! 100 histórias divertidas, curiosas e inusitadas do futebol americano/ Paulo Mancha. – 1. ed.– São Paulo: Panda Books, 2015. 168 pp.

ISBN: 978-85-7888-502-1

1. Futebol – Competições – História. I. Título.

15-22157
CDD: 796.334
CDU: 796.332

2016
Todos os direitos reservados à Panda Books.
Um selo da Editora Original Ltda.
Rua Henrique Schaumann, 286, cj. 41
05413-010 – São Paulo – SP
Tel./Fax: (11) 3088-8444
edoriginal@pandabooks.com.br
www.pandabooks.com.br
Visite nosso Facebook, Instagram e Twitter.

Nenhuma parte desta publicação poderá ser reproduzida por qualquer meio ou forma sem a prévia autorização da Editora Original Ltda. A violação dos direitos autorais é crime estabelecido na Lei nº 9.610/98 e punido pelo artigo 184 do Código Penal.

Este livro é dedicado à família D'Amaro e à minha amada Elena Vorontsova. Eles têm sido minha linha ofensiva, meus running backs e meus wide receivers nesta jornada.

Sumário

Apresentação 13

1. Por que se chama futebol se é jogado com as mãos? 17
2. Quando o touchdown não valia pontos 18
3. Huddle – uma invenção dos surdos 20
4. Lançar a bola já foi proibido! 21
5. Uma regra estranha, que salvou muitas vidas 22
6. Profissionalismo – no começo, tudo eram trevas 24
7. Green Bay Packers, Sociedade Anônima 25
8. Um índio e um norueguês eram os astros do esporte 26
9. Soldier Field – um monumento em forma de estádio 27
10. Giants X Notre Dame – um jogo para a história 28
11. A final disputada sobre cocô de elefante 30
12. O sinistro pacto racista de 1933 31
13. O jogo dos tênis de basquete 32
14. Contusão no cara ou coroa! 34
15. 73 X 0 – o maior massacre de todos os tempos 35
16. Quando Steelers e Eagles se tornaram um só time 36
17. No tempo em que o quarterback se transformava em safety 37
18. Por que o futebol americano é uma guerra 38
19. Bola na trave é... safety? 39

20. San Francisco 49ers – homenagem à Corrida do Ouro 41

21. Cleveland Browns – quem te viu, quem te vê! 42

22. Bola oval, poder e bombas atômicas 43

23. Uma câmera na mão e uma pedra na meia 44

24. Os Lions e a maldição de Bobby Lane 45

25. Final de 1958 – "O maior jogo de todos os tempos" 47

26. O bêbado que parou uma final (e salvou a NBC) 48

27. O torcedor-cornerback dos Patriots 50

28. Dallas, Kennedy e Cowboys: da vergonha ao triunfo 51

29. O sensacional gol contra de Jim Marshall 52

30. A pancada que o mundo inteiro ouviu 53

31. Lamar Hunt – o inventor do Super Bowl 54

32. O time dos santos 56

33. A incrível história do Ice Bowl 57

34. Heidi Game – a maior gafe da TV nos Estados Unidos 58

35. Browns e Bengals – rivais unidos por um ídolo 60

36. Como os Jets salvaram a reputação do Super Bowl 61

37. Jan Stenerud – o precursor de Cairo Santos 62

38. A primeira narração da NFL no Brasil 63

39. Dick Butkus – um jogador feroz e cômico! 65

40. Immaculate Reception – o prodígio de Franco Harris 66

41. Temporada perfeita e... um jacaré no vestiário! 68

42. Holy Roller – a malandragem que mudou uma regra 69

43. Vince Papale – o novato de trinta anos 70

44. O técnico que virou videogame 72

45. O (primeiro) Milagre de Meadowlands 73

46. O hino chiclete dos San Diego Chargers 74
47. Freezer Bowl – outro jogo muito frio 75
48. The Catch – A magia de Joe Montana e Dwight Clark 76
49. Quando um presidiário salvou os Patriots 77
50. Colts e a fuga na calada da madrugada 79
51. O mais chocante lance do Monday Night Football 80
52. The Drive – o dia em que John Elway só não fez chover 81
53. Cardinals – o clube que rodou o país 82
54. Fog Bowl – o jogo que ninguém viu 83
55. Sem huddle e sem problemas! 85
56. Joe Cool – o mais perfeito apelido para Joe Montana 86
57. Os curiosos laços entre Falcons e Packers 87
58. The Comeback – a virada radical 89
59. Os mais famosos erros no Super Bowl 90
60. Fake Spike – uma jogada fatal 91
61. Cowboys – os reis do MVP 93
62. O poeta, os corvos e um time para Baltimore 94
63. Carnaval em Phoenix, com a trave do field goal! 95
64. O drama do (quase) perfeito Gary Anderson 96
65. Madden Curse – a maldição do videogame 97
66. Music City Miracle – uma façanha em 16 segundos 98
67. Kurt Warner e O Maior Show dos Gramados 100
68. Titans no Super Bowl – a uma jarda do paraíso 101
69. Jets, Dolphins e o Milagre da Segunda à Noite 102
70. O violento tackle que fez nascer Tom Brady 103
71. Pat Tillman – herói dos campos de jogo e de batalha 104

72. Tuck rule – a bizarra regra que salvou os Patriots 106

73. George W. Bush e o pretzel assassino 107

74. Long snapper – o patinho feio do futebol americano 108

75. O dia em que o futebol americano se transformou em rugby 110

76. Sam Mills – o improvável linebacker dos Panthers 111

77. Os Eagles e a incrível jogada na quarta descida 112

78. Pescoço para um lado, joelho para o outro 114

79. O touchdown que venceu um furacão 115

80. Spygate – o escândalo da espionagem 116

81. The Helmet Catch – o lance mágico do Super Bowl XLII 117

82. Escalação póstuma no Pro Bowl 119

83. Uma fratura e um troféu inusitado 120

84. Cardinals, Packers e o recorde de pontos em playoffs 121

85. Um brasileiro quase desfalcou os Saints no Super Bowl 122

86. O (segundo) Milagre de Meadowlands 123

87. Na NFL há pancadas para todos! 125

88. Vinte e quatro – o número da besta 126

89. O terremoto de Marshawn Lynch 128

90. Butt Fumble – a tragicômica jogada de Mark Sanchez 129

91. A mística da camisa 12 130

92. Ataque ou defesa – o que é mais importante? 131

93. Tinha um técnico no meio do caminho 132

94. Denver – onde se joga nas alturas 134

95. Bill Belichick – gênio ou vilão? 135

96. Manning e Luck – o sucesso como herança 136

97. Na piscina, vendo o jogo lá embaixo 138

98. O 12º jogador de Seattle 139
99. A pior jogada de todos os tempos no Super Bowl 140
100. O Brasil na NFL – quem, como e onde 141

Entenda o jogo 143
Glossário básico 150
Referências bibliográficas 166

Apresentação

Em uma tarde chuvosa, de junho de 2002, me vi boquiaberto em frente ao busto de Joe Montana e outras centenas de astros do passado da afamada National Football League, a NFL. Eu estava na cidade de Canton, em Ohio, nos Estados Unidos, onde fica o Hall da Fama do Futebol Americano Profissional.

Nunca tinha visto um museu esportivo daquela estirpe. Passei horas me deliciando com fatos do passado, curiosidades e lendas da bola oval. E foi naquele momento que percebi a grandiosidade da história desse esporte.

A saga de uma modalidade que, em pouco mais de cem anos, passou de uma versão feia e mal-acabada do rugby a um jogo instigante, repleto de técnica e estratégia – o mais amado passatempo dos norte-americanos.

Uma história que envolve não apenas os presidentes e a elite da nação, mas também indígenas, descendentes de escravos e imigrantes do mundo todo; que teve seu destino moldado pelas guerras mundiais, pela Grande Depressão, pelo surgimento da TV e por muitos outros fatores que fizeram do futebol americano uma parte concreta da história dos Estados Unidos.

Nas páginas a seguir você encontrará um pouco disso tudo. Dos fatos mais remotos aos mais recentes. Dos dramas pessoais, como o do jogador que largou tudo para ir lutar no Afeganistão, aos acontecimentos mais bizarros, como o do presidente norte-americano que quase morreu vendo um jogo de playoffs. Dos lances heroicos, como a incrível recepção "de capacete" em um Super Bowl, aos fatos hilários, como o do jacaré no banheiro antes de uma grande final.

Algumas dessas histórias deram origem a "pílulas" exibidas pela ESPN no Brasil durante as transmissões de NFL. Aqui, elas foram revisadas e vitaminadas. Outras são inéditas em língua portuguesa.

TOUCHDOWN! 100 histórias divertidas, curiosas e inusitadas do futebol americano está disposto em ordem cronológica, mas você pode ler na sequência que preferir. Na verdade, a ideia desta obra não é, nem de longe, ser uma "enciclopédia" ou um "compêndio histórico" do futebol americano – é uma forma de entretenimento com boa dose de cultura.

Não foram poucos os que me ajudaram para que eu conseguisse escrever este livro: Ivan Zimmermann, a quem devo minha primeira chance na TV; Sílvio Santos Júnior, o companheiro de grandes batalhas em prol do futebol americano no Brasil; Everaldo Marques, que confiou em mim e foi o grande responsável pela minha entrada no time dos canais ESPN; Rômulo Mendonça, meu amigo e "mensageiro do caos" nas transmissões da NFL; Ari Aguiar, com quem fiz minha primeira transmissão na ESPN; Edu Zolin, Antony Curti, Eduardo Agra e Paulo Antunes, meus "brothers" comentaristas que sempre trabalharam como um time; Gabriela Ventura, meu anjo da guarda na preparação para os jogos; Tuca Moraes, Érico Lotufo, Felipe Soriani, Márcio Papi, Tito Mekitarian e toda a galera da produção da ESPN, que faz um trabalho magistral por trás das câmeras; a família D'Amaro e minha amada Elena Vorontsova, meus maiores apoiadores.

E, claro, os fãs e jogadores de futebol americano no Brasil. Sem eles, nada disso aconteceria.

Espero que você goste e se apaixone ainda mais pelo esporte da bola oval.

Paulo Mancha

1. Por que se chama futebol se é jogado com as mãos?

Quem gosta do esporte da bola oval certamente já ouviu esta pergunta. A explicação é simples, mas, para compreendê-la, é preciso voltar no tempo.

Brincadeiras de chutar bolas existiam desde a Antiguidade, em vários lugares do mundo. Foi na Inglaterra, no entanto, que o jogo evoluiu para algo realmente organizado. Isso aconteceu a partir de 1815, ano em que um primeiro rascunho de regras foi escrito, na cidade de Eton.

Surgia assim o futebol da bola redonda, jogado com os pés – que posteriormente ganharia o nome oficial de Association Football.

Não demorou, contudo, para aparecer uma dissidência: em 1823, na cidade de Rugby, um estudante chamado William Webb Ellis decidiu correr com a bola nas mãos. Seus colegas gostaram da ideia e, dessa forma, despontou uma nova modalidade esportiva: o Rugby Football, em que era permitido carregar a pelota, e não apenas chutá-la.

Detalhe: a bola não precisava ser perfeitamente redonda para levar nas mãos e, por isso, os praticantes podiam usar modelos ovalados, feitos com bexigas de porco.

As duas versões do esporte – Association Football e Rugby Football – foram parar nos Estados Unidos por volta de 1860, graças a jovens de famílias abastadas que iam à Grã-Bretanha estudar nas universidades mais famosas.

Em terras ianques, os norte-americanos misturaram tudo e apelidaram o jogo de American Rugby Football. Com o tempo, no entanto, as regras foram sendo modificadas e, por volta de 1880, o esporte ficou tão diferente que a palavra "rugby" não fazia mais sentido.

Surgiu assim o American Football.

E uma curiosidade: nos Estados Unidos, o futebol jogado com os pés ficou conhecido como "soccer", mas saiba que essa palavra foi inventada... pelos ingleses! Sim, no final do século XIX era comum entre os britânicos abreviar o nome oficial Association Football para "assoc" e, depois, para "soccer". Os norte-americanos apenas foram na onda...

2. Quando o touchdown não valia pontos

Não há consenso quanto à data da primeira partida de futebol americano. Muitos apontam o ano de 1869, quando as universidades Rutgers e Princeton se enfrentaram em um jogo que misturava regras de rugby com as do futebol da bola redonda.

Outros consideram o ano de 1882 como o da invenção do American Football, já que nessa época surgiu a regra dos downs e das jardas a conquistar – algo que diferenciou completamente o novo esporte da mecânica contínua do rugby.

Seja como for, o fato é que o futebol americano jogado no final do século XIX era muito diferente do que se vê hoje nos domingos de NFL.

O campo tinha 70 X 140 jardas (hoje são 53 X 100 jardas). Os times eram compostos de 15 jogadores cada um (contra os 11 de cada lado que temos hoje). A equipe que tinha a posse de bola devia percorrer cinco jardas em três downs (na regra moderna são quatro chances para atingir dez jardas) e a partida durava noventa minutos (hoje temos contados sessenta minutos). Também não havia substituições e os mesmos 15 jogadores de cada plantel atacavam e defendiam – como no futebol da bola redonda.

Mas as duas diferenças mais gritantes eram a forma de avançar e a pontuação: era proibido lançar a bola para a frente (veja "Lançar a bola já foi proibido!", na página 21) e, no começo de tudo, o touchdown não valia pontos – ele apenas dava direito a um chute que, este sim, garantia 1 ponto ao time se a bola cruzasse a linha entre as traves.

Com o tempo, o critério de pontuação foi mudando. Mas, por quase duas décadas, ele conferia 4 pontos para cada touchdown e 5 pontos para o field goal.

Somente em 1912 o sistema de pontuação passou a ser o que é hoje, com 6 pontos para o touchdown, 1 ponto para o extra point, 3 pontos para o field goal e 2 pontos para o safety.

3. Huddle – uma invenção dos surdos

Sabe aquela roda que os jogadores de futebol americano fazem para combinar a estratégia antes de iniciar uma jogada? Pois bem, ela foi invenção de um grupo de deficientes auditivos.

Nos primórdios do esporte, não existia o huddle. O quarterback gritava as instruções para seus companheiros conforme eles se posicionavam na linha de scrimmage.

A coisa começou a mudar em 1892, quando a Gallaudet University, de Washington D.C., passou a jogar e a se destacar na modalidade. Detalhe: todos os atletas do elenco eram surdos. Isso porque a Gallaudet foi a primeira universidade para deficientes auditivos dos Estados Unidos. Gente de todo o país se reunia ali para estudar. E, claro, dentre suas centenas de acadêmicos, havia muitos atletas.

O quarterback Paul Hubbard foi quem teve a ideia de formar uma roda de jogadores antes de cada jogada. Dessa forma, todos eles conseguiam ver com clareza suas mãos, usadas na linguagem de sinais. Além disso, o huddle impedia que o adversário descobrisse a tática que seria empregada.

Rapidamente, universidades como Harvard e Yale copiaram a prática. E assim, no começo do século XX, praticamente todas as equipes de futebol americano já utilizavam o huddle – independentemente de terem ou não deficientes auditivos no time.

4. Lançar a bola já foi proibido!

Você já imaginou se fosse proibido lançar a bola no futebol americano? Pois saiba que já houve um tempo em que o jogo era mesmo assim.

O futebol americano nasceu na segunda metade do século XIX, inspirado no rugby, esporte em que não é permitido passar a bola para a frente, mas apenas para os lados ou para trás (veja "Quando o touchdown não valia pontos", na página 18).

Ao contrário do primo inglês, o jogo não tinha regras que coibissem os tackles violentos. Por isso, no começo do século XX, o futebol americano tinha se tornado um esporte malvisto. Era tido como um jogo feio, com os atletas amontoados no meio do campo...

Isso começou a mudar em 1905. O presidente dos Estados Unidos, Theodore Roosevelt, exigiu novas regras para reduzir a brutalidade do esporte e assim surgiu a National Collegiate Athletic Association (NCAA), que passou a controlar a violência em campo com o estabelecimento de regras específicas.

Aproveitando a ocasião, o treinador John Heisman sugeriu que fosse permitido um passe para a frente a cada jogada. A ideia era obrigar que ataque e defesa se espalhassem pelo campo, tornando o jogo mais técnico.

Demorou a surgir algum resultado. O ato de lançar era arriscado, porque um passe incompleto resultava automaticamente na perda da posse de bola para o adversário. Sem contar que a própria bola era maior, mais pesada e menos aerodinâmica que as que temos hoje.

Somente em 1913, os lançamentos começaram a se popularizar, graças à ousadia do time da University of Notre Dame e de seu técnico e jogador Knute Rockne (veja "Um índio e um norueguês eram os astros do esporte", na página 26).

As regras foram sendo alteradas ano a ano para estimular a nova jogada. E até a bola mudou de formato várias vezes para favorecer os quarterbacks.

Atualmente, quase 60% das jogadas são lançamentos. Não é à toa que o prêmio anual dado ao melhor jogador universitário ganhou o nome do inventor do passe para a frente: o troféu Heisman.

5. Uma regra estranha, que salvou muitas vidas

Formação ilegal. Uma falta que nem todos entendem direito, nem mesmo a razão de ela existir...

Antes, vale explicá-la: o time que tem a posse de bola precisa ter pelo menos sete jogadores lado a lado na linha de início da jogada. Se tiver menos jogadores, é marcada a falta de formação ilegal, com cinco jardas de recuo como penalização.

Mas por que isso? A resposta está nas origens do esporte, quando ele ainda era uma versão selvagem do rugby, no final do século XIX.

Naquele tempo, tornaram-se comuns as chamadas "formações em massa". No começo da jogada, os atletas do time atacante rodeavam o companheiro que carregava a bola, formando um aglomerado para protegê-lo.

O bolo de jogadores se movimentava lentamente, de braços entrelaçados. Enquanto isso, os adversários se atiravam violentamente contra o aglomerado, tentando romper a formação. Resultado: ossos quebrados e ferimentos ainda mais sérios.

Em 1905, horrorizado com a morte de 19 atletas universitários, o presidente dos Estados Unidos, Theodore Roosevelt, exigiu mudanças nas regras.

Uma delas, adotada em 1910, foi a obrigatoriedade de haver sete jogadores lado a lado na linha de scrimmage – uma forma de impedir as perigosas formações em massa.

Deu certo. Nos anos seguintes, a quantidade de ferimentos despencou, tornando o esporte mais seguro e agradável aos olhos dos espectadores.

6. Profissionalismo – no começo, tudo eram trevas...

Em 1920, o futebol americano universitário já era uma febre, com grandes equipes e boa organização. Os times profissionais apenas engatinhavam.

Quando a NFL foi fundada, naquele ano, a organização não era seu forte... Os torneios não tinham finais e o campeão era decidido pelo retrospecto, contabilizando o número de vitórias, derrotas e empates.

Até aí, nada de mais, não fosse o fato de as equipes jogarem um número diferente de partidas. Algumas franquias, como os Decatur Staleys (atual Chicago Bears), disputaram 13 jogos em 1920. Outras, como os Chicago Cardinals (atual Arizona Cardinals), jogaram apenas dez partidas. Houve também times, como os Hamond Pros, que estiveram em campo somente sete vezes em todo o campeonato.

Como decidir quem conseguiu a melhor campanha em um formato de torneio tão esdrúxulo? Ninguém tinha a resposta. E não é à toa que o título de 1920 foi reivindicado por três equipes: Decatur Staleys, Akron Pros e Buffalo All-Americans.

A NFL, contudo, reconhece somente os Akron Pros como campeões.

E uma curiosidade: a própria liga ainda não tinha esse nome, que só foi registrado em 1922. Naquele tempo, ela se chamava American Professional Football Association (APFA).

7. Green Bay Packers, Sociedade Anônima

Nos Estados Unidos é comum as equipes esportivas pertencerem a milionários. Dan Snyder, dos Redskins, tem uma fortuna da ordem de 1,7 bilhão de dólares. Robert Kraft, dos Patriots, 4 bilhões de dólares. Jerry Jones, dos Cowboys, 4,2 bilhões de dólares. E por aí vai.

Mas existe uma exceção. Os Green Bay Packers não tem um, mas sim 360.584 proprietários – e a esmagadora maioria é de cidadãos de classe média do estado de Wisconsin.

É isso mesmo. Os Packers são uma sociedade anônima, sem um sócio majoritário e sem fins lucrativos para os acionistas.

Isso vem desde os tempos mais remotos. O clube foi fundado em 1919 por dois amigos: o jornalista George Calhoun e o operário Earl Curly Lambeau. Para comprar os uniformes, Lambeau conseguiu o patrocínio da indústria em que trabalhava, a empacotadora de alimentos Indian Packing – daí o nome Packers.

Em 1922, precisando de dinheiro, eles decidiram vender ações da equipe. Foi um sucesso. A maioria dos habitantes de Green Bay comprou seu pedacinho do clube. E até hoje, de tempos em tempos, novos lotes de ações são negociados, sempre para os torcedores.

Por isso, ao contrário de times como Colts, Cardinals ou Rams, os Packers nunca mudaram de cidade. E nunca mudarão. A menos que alguém convença cerca de 360 mil pessoas a vender suas cotas.

8. Um índio e um norueguês eram os astros do esporte

Parece ironia do destino: o esporte inventado nos Estados Unidos pela elite branca das universidades mais caras e seletivas teve como grandes estrelas de seus primórdios dois atletas "estrangeiros", por assim dizer.

Jim Thorpe, um mestiço, descendente de índios da tribo shawnee, de Oklahoma, foi um astro dos Canton Bulldogs e também o primeiro presidente da National Football League (quando ela ainda se chamava American Professional Football Association).

Thorpe atuava – e bem – em todas as posições do backfield no futebol americano. Também era um ótimo jogador de basquete, handebol, hóquei, tênis e, principalmente, beisebol. Representou os Estados Unidos na Olimpíada de Estolcomo, em 1912, e ganhou medalhas de ouro no decatlo e no pentatlo.

Esses feitos, porém, foram empanados pelo racismo: uma obscura denúncia de que ele havia jogado beisebol profissional antes de ser atleta olímpico o fez perder as medalhas.

Somente em 1982 – mais de trinta anos após a sua morte – o Comitê Olímpico Internacional corrigiu a injustiça e o recolocou na galeria de campeões do esporte amador. Hoje, Jim Thorpe dá nome ao troféu entregue todos os anos ao melhor defensive back universitário.

Outra lenda de tempos remotos foi Knute Rockne. O imigrante norueguês foi para os Estados Unidos com cinco anos de idade e cresceu praticando esportes. Entre 1910 e 1917 fez história como jogador de ataque e de defesa na University of Notre Dame e também nos times profissionais Akron Indians e Massillon Tigers.

Rockne foi o responsável pela popularização do passe para a frente (veja "Lançar a bola já foi proibido!", na página 21). Além de jogador, foi técnico por 13 anos e, como tal, levou a Notre Dame à incrível marca de 105 vitórias contra apenas 12 derrotas e cinco empates. Também garantiu para a Notre Dame três títulos nacionais.

Ele morreu em um acidente de avião, em 1931, e sua história foi imortalizada no filme de Hollywood *Knute Rockne, All American*, estrelado em 1940 por Pat O'Brien e Ronald Reagan.

9. Soldier Field – um monumento em forma de estádio

Você sabe qual é o estádio mais antigo da NFL? É o Soldier Field, dos Chicago Bears. Já se vão mais de noventa anos desde a sua inauguração, em 1924.

Mas não é só a longevidade que faz da casa dos Bears um lugar especial. Idealizado logo após a Primeira Guerra Mundial, o estádio foi projetado como um monumento em homenagem aos soldados que lutaram nos campos de batalha da Europa.

Daí o nome – Soldier Field – e também a escultura em bronze do saguão de entrada. As belas colunas em estilo greco-romano de sua fachada são algo único nos Estados Unidos. E foram mantidas mesmo depois de uma grande e polêmica reforma em 2003.

Casa dos Bears desde 1971, o Soldier Field sempre foi utilizado para muito mais do que jogos de futebol americano. De corridas de carros a shows de rock, tudo já passou por ali. Inclusive os jogos da Copa do Mundo de 1994, um amistoso entre Brasil e Estados Unidos em 2007 e uma partida de rugby entre Estados Unidos e os All Blacks da Nova Zelândia em 2014.

Sem contar grandes momentos da política norte-americana, como um discurso histórico de Martin Luther King, em 1964, e a Conferência de Cúpula da OTAN, de 2012, quando o presidente Barack Obama aproveitou um intervalinho para brincar de quarterback.

Um estádio como nenhum outro da NFL.

10. Giants X Notre Dame – um jogo para a história

Você já imaginou se hoje um time de ponta da NFL, como o Patriots ou o Seahawks, decidisse disputar uma partida contra uma equipe da elite do College Football, como o Florida State ou o Alabama? Pois saiba que algo assim já aconteceu – e em uma ocasião muito especial.

Em 1930, assolados pela Grande Depressão, os Estados Unidos viviam a maior crise social de sua história. Milhões de desempregados e pessoas famintas perambulavam pelas ruas das grandes cidades.

Foi então que o dono dos New York Giants, Tim Mara, e o astro da University of Notre Dame, Knute Rockne, tiveram uma ideia genial: colocar, frente a frente, um dos melhores times da NFL contra a grande potência do College Football em uma partida beneficente.

Além de arrecadar dinheiro para os pobres, o jogo serviria para mostrar, finalmente, quem era melhor: os estudantes ou os profissionais.

Os Giants tinham como estrela o quarterback Benny Friedman, futuro membro do Hall da Fama da NFL. Notre Dame montou um time de "all stars" e tinha quatro atacantes conhecidos como Four Horsemen – Os Cavaleiros do Apocalipse.

No final, os profissionais levaram a melhor: Giants 22 X 0 Notre Dame.

Os 55 mil torcedores presentes no estádio Polo Grounds garantiram mais de 115 mil dólares para os pobres de Nova York – o equivalente hoje a 1,5 milhão de dólares.

Um momento que ficou marcado na memória dos fãs e do povo da Big Apple.

II. A final disputada sobre cocô de elefante

Os Bears estão entre as mais antigas franquias da NFL. Fundada em 1920, a equipe de Chicago conquistou nove títulos nacionais – incluindo um Super Bowl, em 1985.

Nessa história de quase 95 anos, nenhuma partida foi tão insólita quanto a decisão do campeonato de 1932. O jogo contra os Portsmouth Spartans – atual Detroit Lions – deveria ser disputado no Wrigley Field, o principal estádio de Chicago, mas uma tempestade de neve tornou isso impossível.

A solução foi transferir a partida para a única arena coberta da cidade, o Chicago Stadium, que na verdade não passava de um galpão para jogos de hóquei, exposições de animais e apresentações de circos.

Tudo ali era improvisado: o campo tinha apenas sessenta jardas, as endzones não iam além de cinco jardas e tinham cantos arredondados e os postes de field goal só serviam para os chutes de extra point, pois as equipes concordaram em não chutar field goals em um campo tão curto.

O pior de tudo: dias antes, um circo havia se apresentado e o chão, em vez de grama, estava coberto por uma mistura de palha, barro e fezes de elefante. Sim, cocô de elefante!

No final, os Bears venceram todas essas dificuldades, bateram os Spartans por 9 X 0 e levaram a taça.

A partir do ano seguinte, a NFL mudou tudo. Passou a exigir mais organização dos times e de si mesma.

12. O sinistro pacto racista de 1933

Desde a invenção do futebol americano, no século XIX, os negros sempre tiveram seu lugar no esporte – ainda que como minoria.

Na década de 1920, celebrizou-se o halfback Fritz Pollard, que, apesar do nome alemão, era neto de escravos. Depois de se formar em química pela Brown University, ele atuou no Akron Pros, time que ganhou o primeiro campeonato oficial da NFL. Também foi o primeiro técnico negro da história.

Mas a saga dos afrodescendentes no futebol americano profissional daria uma guinada em 1933. Um pacto silencioso entre os donos de times baniu os negros da NFL.

Não há nenhum documento escrito sobre esse acordo, mas o fato é que, de uma hora para outra, todos os não brancos foram dispensados das equipes que formavam a liga.

Durante 13 anos, somente pessoas de pele clara eram aceitas nos clubes profissionais – mesmo que no College Football houvesse grandes talentos entre os descendentes de africanos e indígenas.

O vergonhoso pacto racista foi quebrado apenas em 1946. Inspirados pelo exemplo das Forças Armadas, que naquele ano acabaram com as regras discriminatórias e passaram a integrar soldados de todas as etnias em suas unidades, dois clubes esportivos deixaram o preconceito de lado e foram atrás de astros negros nas universidades.

O Los Angeles Rams (atual St. Louis Rams) contratou o running back Kenny Washinton, estrela da University of California. Já o recém-fundado time dos Cleveland Browns, da liga rival AAFC, foi atrás de dois outros destaques amadores: o defensive tackle Bill Willis e o fullback Marion Motley.

Diz a lenda que o técnico Paul Brown, quando alertado por um auxiliar que os jogadores cobiçados eram "de cor", teria respondido: "Eu sou daltônico; pode contratá-los".

Hoje, cerca de 70% dos atletas da NFL são afrodescendentes.

13. O jogo dos tênis de basquete

Na NFL, tudo é milimetricamente planejado. Do calendário de treinos à última jogada de uma partida, sempre há um roteiro bem definido a seguir.

Mas o improviso também tem vez e já salvou muitos times no passado.

Na final do campeonato de 1934, New York Giants e Chicago Bears se enfrentavam no estádio Polo Grounds, em Nova York. Havia chovido e fazia um frio congelante, de 13 graus negativos, o que transformou boa parte do gramado em placas de gelo.

Entre os inevitáveis escorregões de um lado e de outro, os Bears se davam bem: venciam a partida por 10 X 3 no terceiro período. Nesse momento, o jogador Ray Flaherty, dos Giants, gritou para o treinador: "Estas chuteiras não servem, precisamos de outra coisa nos pés".

Com a partida em andamento, um ajudante do time, Abe Cohen, correu até o campus da Manhattan College, onde trabalhava durante a semana. Arrombou o armário do time de basquete da universidade e conseguiu nove pares de tênis.

No meio do terceiro período, os jogadores dos Giants trocaram as duras chuteiras da época pelos maleáveis calçados da bola ao cesto. Com mais firmeza nos pés, a equipe de Nova York passou a dominar o time de Chicago e marcou 27 pontos no quarto período. Resultado final: 30 X 13 para os Giants, que se sagraram campeões.

A partida entrou para a história com o apelido The Sneakers Game – O Jogo dos Tênis.

Um raro momento em que o improviso fez muito mais sentido que o planejamento.

14. Contusão no cara ou coroa!

Turk Edwards foi um dos maiores jogadores da década de 1930. Literalmente falando: ele media 1,89 metro e pesava 116 quilos.

Edwards atuava como offensive tackle e defensive tackle e ganhou a alcunha de Rochedo de Gibraltar, devido à sua força e à capacidade de deter os adversários (Gibraltar é um local estratégico na Europa, de onde se controla a entrada e a saída do mar Mediterrâneo).

Ele fez carreira no Washington Redskins, levou o time a vencer uma final da NFL em 1937 e era reverenciado como um dos atletas mais "durões" da história, sendo capaz de dar e levar muitas pancadas e sair ileso de campo, como se nada houvesse acontecido.

Isso mudaria em 22 de setembro de 1940. Os Redskins jogavam em casa contra os New York Giants. Edwards era o capitão do time e, como tal, apresentou-se ao juiz no centro do campo para o cara ou coroa antes do início da partida.

Com a moeda jogada, ele se virou rapidamente para anunciar o resultado aos jogadores que estavam na sideline. Nesse momento, porém, sua chuteira se prendeu no gramado e o resultado foi uma torção no joelho esquerdo, com o rompimento de ligamentos.

Essa contusão durante um simples cara ou coroa foi suficientemente grave para acabar com a carreira de Turk Edwards. O jogador, que parecia indestrutível, nunca mais pisou em campo.

15. 73 X 0 – o maior massacre de todos os tempos

Três semanas antes da final do campeonato de 1940, o então dono dos Washington Redskins, George Preston Marshall, disparou a frase: "O time dos Chicago Bears não passa de um bando de bebês chorões que fogem da raia quando o jogo aperta".

Mal sabia Marshall que a resposta do adversário na decisão do torneio viria em forma de touchdowns. O placar final da partida foi Bears 73 X 0 Redskins. A maior "goleada" da história da NFL até hoje.

Os Redskins até que tiveram chance de marcar pontos. Ainda no começo do jogo, o wide receiver Charlie Malone deixou cair uma bola em um passe certeiro para touchdown do quarterback Sammy Baugh.

Perguntado após a partida se o placar teria sido diferente caso Malone tivesse conseguido a recepção na endzone, Baugh respondeu: "Claro, seria 73 X 7 para eles".

16. Quando Steelers e Eagles se tornaram um só time

Você já imaginou se um dia Flamengo e Fluminense decidissem se unir e formassem um novo time chamado Flaminense? Pois saiba que algo bem parecido já aconteceu na NFL. O ano era 1943. Com a entrada dos Estados Unidos na Segunda Guerra Mundial, mais de seiscentos jogadores de futebol americano foram convocados e trocaram os campos de jogo pelos de batalha, na Europa e no Pacífico.

Houve quem desistisse de competir naquele ano por falta de atletas, como o time dos Rams, que então ficavam em Cleveland. Philadelphia Eagles e Pittsburgh Steelers também não tinham jogadores suficientes. Mas, em vez de simplesmente desistirem, tiveram uma ideia insólita: unir temporariamente os dois clubes. Surgiram assim os Steagles – a mistura de Steelers com Eagles.

O time teve uma performance razoável, com cinco vitórias, quatro derrotas e um empate. Ficaram fora dos playoffs, e a união se desfez após essa única temporada.

Curiosamente, não foi o fracasso no campeonato que mais magoou os atletas dos Steagles. Eles se sentiam humilhados por terem sido recusados pelas Forças Armadas. Para os jogadores de futebol americano da década de 1940, era questão de honra lutar pelo país.

No fim da guerra, 23 deles não voltaram.

17. No tempo em que o quarterback se transformava em safety

Um esquadrão para atacar, outro para defender. No futebol americano, cada equipe põe 11 atletas diferentes em campo de acordo com a situação. Mas nem sempre foi assim.

Da criação do esporte, em 1882, até meados do século XX, os mesmos jogadores atacavam e defendiam. O quarterback, por exemplo, se tornava safety quando o time perdia a bola e passava a se defender. Os running backs jogavam como linebackers; os recebedores, como cornerbacks; e assim por diante. Era o chamado one-platoon system.

Isso mudou na década de 1940. Com a entrada dos Estados Unidos na Segunda Guerra Mundial, mais de seiscentos atletas foram para os campos de batalha. Faltavam jogadores e era preciso treinar rapidamente substitutos para eles.

Nesse momento surgiu a ideia de liberar totalmente as substituições. Assim, os novatos podiam se concentrar em aprender apenas uma posição. No ataque ou na defesa. Com isso surgiu o two-platoon system, usado até hoje.

Houve exceções, inclusive recentemente, com atletas como Troy Brown, dos Patriots, que jogava tanto de wide receiver como de cornerback. Ou Mike Furrey, que nos Rams e nos Lions atuou de wide receiver e de safety.

Mas o caso mais famoso é o de George Blanda, que jogou na NFL de 1949 até 1975. Blanda empolgou os fãs como quarterback, linebacker e também como kicker.

Algo impensável para Peyton Manning, Tom Brady e outras estrelas dos dias atuais.

18. Por que o futebol americano é uma guerra

Bem, não literalmente, mas as metáforas bélicas sempre fizeram parte do jogo. Por exemplo, quando um time assedia o quarterback adversário com mais de quatro jogadores, dá-se o nome de blitz a essa investida – termo inspirado na *blitzkrieg*, a tática de ataque em múltiplas frentes usada pelo Exército Alemão na Segunda Guerra Mundial.

E quando o quarterback escapa da blitz? Tem-se então o scramble, nome da fuga apressada dos pilotos ingleses com seus aviões quando os aeródromos eram bombardeados.

Tem mais: pocket, palavra usada para determinar a área de proteção do quarterback, também é um termo militar. Significa um bolsão de tropas defendendo um ponto estratégico.

Já a palavra sack é sinônimo de arrasar uma posição inimiga. E a disputa entre linha ofensiva e linha defensiva é conhecida como batalha das trincheiras.

Sem falar em zona neutra, interceptação, formação shotgun, pistol e muito mais.

Tudo isso faz sentido: o esporte sempre foi adorado pelos militares. O general George Patton, um dos mais famosos da Segunda Guerra Mundial, aplicava estratégias do campo de jogo durante os ataques de suas tropas blindadas. Dizia: "Nossa infantaria é como a linha ofensiva, que segura o inimigo pelo nariz, enquanto os tanques correm pelos flancos, como os recebedores de passes".

Desde 2009, no entanto, a NFL tem evitado as comparações bélicas, como forma de respeitar os soldados mortos e feridos nas guerras no Iraque e no Afeganistão.

Afinal, no futebol americano, todos se salvam e voltam para casa no final. Mesmo que com alguns arranhões.

19. Bola na trave é... safety?

Em 16 de dezembro de 1945, Washington Redskins e Cleveland Rams (atual St. Louis Rams) disputavam a final do campeonato em condições congelantes, com 22 graus negativos e muita neve no Cleveland Stadium.

Logo no primeiro período de jogo aconteceu um fato bizarro. Naquele tempo os postes de field goal ficavam no início da endzone, e não no final dela, como hoje. O quarterback Sammy Baugh, dos Redskins, de dentro de sua endzone, tentou lançar a bola e... acertou bem na trave. A bola voltou e rolou para fora de campo.

Como (na época) as traves eram um elemento neutro, a interpretação dos juízes foi que Baugh teria então atirado a bola pelo fundo da própria endzone, o que configuraria um safety. Dois pontos marcados para os adversários Rams.

A partida se desenrolou de forma apertada, sob condições climáticas terríveis, e terminou com o placar de 15 X 14 para o time da casa. Ou seja, aquele safety bizarro foi decisivo para a amarga derrota dos Redskins.

O lance e suas consequências geraram a ira do quarterback Sammy Baugh e do dono do time de Washington, George Preston Marshall. A polêmica foi tanta que a NFL mudou as regras no ano seguinte.

Hoje, uma bola que toque nos postes de field goal é declarada imediatamente passe incompleto. Ou seja, "bola morta". Essa regra é conhecida como Marshall/Baugh Rule.

Isso sem contar que, em 1974, as traves foram movidas para o final da endzone, tornando virtualmente impossível para um quarterback acertá-las durante uma tentativa de passe.

20. San Francisco 49ers – homenagem à Corrida do Ouro

San Francisco 49ers... Afinal, que nome é esse? Teria o time sido fundado em 1949? Não. Seria uma referência ao número de conquistas? Não. E que tal uma data importante? O dia 49 do mês de... Aí é que não mesmo!

A explicação é simples. O time que celebrizou astros como Joe Montana e Jerry Rice foi a primeira equipe profissional fundada em São Francisco logo após a Segunda Guerra Mundial, em 1946.

Uma iniciativa cheia de pioneirismo. Seu fundador, Tony Morabito, era filho de imigrantes italianos e subiu na vida como motorista de caminhão. Por isso, decidiu homenagear homens simples e determinados como ele.

Escolheu os aventureiros da famosa Corrida do Ouro que aconteceu naquela região no século XIX – os homens que vieram de todos os cantos do país para fazer a riqueza da região, explorando as minas de ouro. Eles se estabeleceram por ali em 1849 e, por isso, eram chamados The Forty Niners.

Detalhe: o primeiro logotipo do time era um mineiro bigodudo, dando tiros para todos os lados.

Uma gente brava, disposta a tudo para vencer na vida. A inspiração ideal para um time de futebol americano.

21. Cleveland Browns – quem te viu, quem te vê!

Quem acompanhou a NFL nos últimos anos se acostumou a ver os Browns como sinônimo de equipe perdedora, um saco de pancadas que não chega a lugar algum. Em 12 temporadas disputadas de 2003 a 2014, o clube de Cleveland ficou dez vezes em último lugar na sua divisão, a AFC Norte.

Mas nem sempre foi assim. Fundado em 1946 para integrar a recém-criada liga All-America Football Conference, o time simplesmente venceu todos os quatro campeonatos que disputou naquela década.

Dirigido pelo visionário Paul Brown, em 1950 o clube passou a jogar na NFL e logo na primeira temporada sagrou-se campeão, batendo os Rams na final por 30 X 28.

A equipe foi às finais da NFL por seis anos seguidos, vencendo três vezes. Seu quarterback, Otto Graham, ganhou três vezes o título de melhor jogador da liga e colecionou o impressionante número de 114 vitórias contra apenas vinte derrotas e quatro empates.

Brown e Graham fizeram quase tudo naqueles "anos dourados" da década de 1950 – menos prever que a equipe se tornaria a piada da NFL algumas décadas depois.

22. Bola oval, poder e bombas atômicas

O esporte da bola oval está no currículo de vários presidentes dos Estados Unidos. Começou com Theodore Roosevelt, que adorava o jogo e, em 1905, exigiu que suas regras fossem alteradas para torná-lo menos violento.

Dwight Eisenhower jogou de linebacker e running back na Academia Militar de West Point. Durante a Segunda Guerra Mundial, entre um plano de ataque e outro, o chefe das tropas norte-americanas na Europa sempre dava um jeito de ler um resumo que seus ajudantes faziam sobre a temporada do College Football.

O mesmo acontecia com Douglas MacArthur, o general que liderou os exércitos norte-americanos no *front* do Pacífico. Ele dá nome a um troféu concedido anualmente ao melhor time universitário do país.

Não para por aí. John Kennedy, o mais carismático presidente norte-americano, jogou em Harvard. Mesmo depois de eleito presidente, não perdia a chance de brincar de quarterback com o irmão Bob Kennedy nos jardins da Casa Branca. Ex-combatente da Marinha, sempre era visto no tradicional jogo de College Football entre Exército e Marinha.

Seu maior adversário, Richard Nixon, era tão fanático pelos Redskins que vivia nos treinos do time e até deu dicas de jogadas para o técnico George Allen, em 1971.

Isso para não falar em Gerald Ford, uma estrela da University of Michigan, e Ronald Reagan, que atuou nos gramados tanto no College Football como no cinema (veja "Um índio e um norueguês eram os astros do esporte", na página 26).

Curiosamente, desde a década de 1950 o presidente dos Estados Unidos passa 24 horas por dia acompanhado de uma maleta com os códigos secretos das armas nucleares do país.

O apelido desse artefato do juízo final? The Football.

23. Uma câmera na mão e uma pedra na meia

Poucos esportes são tão estratégicos quanto o futebol americano. Técnicos e jogadores lidam com centenas de jogadas ensaiadas, em que todos precisam atuar em sincronia, tal qual um exército em uma batalha.

Assim como os exércitos, que contam com o apoio do reconhecimento aéreo, os times de futebol americano têm auxiliares técnicos nas cabines dos estádios. Eles enviam aos treinadores lá embaixo imagens feitas do alto, auxiliando na correção do posicionamento dos jogadores em campo.

Hoje, as fotos aparecem instantaneamente em tablets que ficam com os técnicos.

O pioneiro das imagens feitas do alto foi Wellington Mara, diretor e dono dos New York Giants na década de 1950. Ele costumava escalar o teto do Yankee Stadium e, lá de cima, tirar fotos instantâneas com uma câmera Polaroid.

Mas como enviar rapidamente as fotos para o treinador que estava lá embaixo, no campo de jogo? Afinal, mesmo que Mara arrumasse um ajudante, ele levaria muitos minutos para subir e descer do telhado.

A solução encontrada pelo dono dos Giants foi simples e genial. Ele colocava as fotografias dentro de uma meia, junto com uma pedra para dar lastro, e arremessava o pé de meia lá do alto para o técnico do time.

Uma prova de que, mesmo sem tecnologia, a NFL dos velhos tempos já era cheia de criatividade.

24. Os Lions e a maldição de Bobby Lane

Um ditado popular que os torcedores dos Detroit Lions deveriam repetir é o famoso "Não acredito em bruxas, mas que elas existem, existem!". Tudo por causa de uma maldição lançada por um jogador muito tempo atrás.

Bobby Layne foi um dos mais famosos quarterbacks do pós-guerra. Liderou os Lions entre 1950 e 1958, levando o time a vencer três finais da NFL naquela década.

Layne era um jogador durão, muito mais famoso pela sua coragem e vontade de vencer do que por sua técnica. Foi um dos últimos atletas da história a jogar sem grades de proteção no capacete.

Em 1957, durante uma partida, fraturou a perna e foi obrigado a suportar uma injustiça: a diretoria dos Lions o dispensou no final da temporada. Acabou se transferindo para os Pittsburgh Steelers, onde encerrou a carreira.

Diz a lenda que Bobby Layne teria rogado uma praga: "Os Lions ficariam cinquenta anos sem ganhar um campeonato". De fato, nunca mais o time de Detroit foi campeão.

Pior ainda: nesses cinquenta anos, foi a equipe que menos venceu em toda a NFL.

Teoricamente, a maldição de Bobby Layne acabou em 2008 – ano em que a equipe registrou a vergonhosa campanha de 16 derrotas e nenhuma vitória.

No ano seguinte, o time escolheu no draft o quarterback Matt Stafford e lentamente começou a se recuperar. Ainda assim, até a conclusão deste livro não havia chegado nem perto de quebrar a praga do quarterback desprezado.

25. Final de 1958 – "O maior jogo de todos os tempos"

Com esse apelido ficou conhecida a decisão da NFL de 1958, entre Giants e Colts, uma partida que mudou o rumo dos esportes nos Estados Unidos.

O beisebol era muito mais popular que o futebol americano profissional. Até mesmo o College Football rivalizava em termos de preferência pelos norte-americanos.

Naquela temporada, os dois times vinham de campanhas exuberantes. Os Giants jogavam a final em casa e tinham astros como o running back Frank Gifford e o coordenador ofensivo Vince Lombardi, que depois se tornaria técnico dos Packers e daria nome ao grande troféu do Super Bowl.

Os Colts, cuja sede ainda ficava em Baltimore, eram comandados pelo quarterback Johnny Unitas – uma lenda da NFL, comparado ainda hoje a gênios como Joe Montana, Tom Brady e Peyton Manning. Eles tinham ainda Raymond Berry, um dos maiores wide receivers do esporte.

No Yankee Stadium lotado e com uma audiência de 45 milhões de pessoas na TV, os times fizeram um jogo extremamente equilibrado, que terminou empatado no tempo regulamentar por 17 X 17.

Muitos jogadores não sabiam que, nesse caso, haveria uma prorrogação – a praxe antigamente era disputar uma nova partida alguns dias depois. Por isso, vários atletas tiveram de ser buscados às pressas nos vestiários quando já se despiam para tomar banho!

Na prorrogação, o time visitante venceu de forma dramática, com um touchdown de corrida do running back Alan Ameche. Placar final: Colts 23 X 17 Giants.

Todos os historiadores apontam essa partida como o marco histórico que determinou a "virada" do futebol americano em cima de outros esportes. Graças a ela, oito empresários se empolgaram e criaram novas equipes por todo o país, dando origem à American Football League (AFL), a liga rival da NFL que motivou, alguns anos depois, a criação do Super Bowl.

Em pouco mais de uma década, o esporte alcançaria o beisebol em popularidade. E nunca mais ficaria para trás. Segundo a pesquisa anual de opinião pública da Harris Interactive Inc. realizada em 2014, nada menos que 42% dos norte-americanos declararam o futebol americano (profissional e universitário) como seu esporte favorito, contra 16% que definiram a preferência pelo beisebol, o segundo colocado.

26. O bêbado que parou uma final (e salvou a NBC)

Na final da NFL de 1958, entre New York Giants e Baltimore Colts (veja "Final de 1958 – 'O maior jogo de todos os tempos'", na página 47), um fato absolutamente bizarro – e hilário – marcou os derradeiros minutos da partida.

Empatados por 17 X 17, os times disputavam a prorrogação, e o país todo acompanhava o dramático embate na TV – a rede NBC registrava recorde de audiência naquela tarde.

Com os Colts na linha de oito jardas do adversário, prestes a marcar um touchdown, uma multidão de repórteres, fotógrafos e penetras preencheu o fundo da endzone. E, para desespero dos funcionários da NBC, alguém daquela massa de pessoas chutou um cabo de força da emissora com tanta força que ele se desprendeu. A transmissão foi interrompida em todo o país.

Logo em seguida, um torcedor invadiu o gramado. Por mais de um minuto ele correu de um lado para o outro, driblando policiais, jogadores e ajudantes, até finalmente ser detido e retirado do campo, sob os aplausos da torcida.

O tempo em que o arruaceiro ficou em campo foi suficiente para que os técnicos da NBC religassem os cabos e restabelecessem a transmissão – sem que nenhuma jogada fosse perdida pelos milhões de telespectadores.

Uma coincidência providencial... exceto por um fato: não foi coincidência. Posteriormente, descobriu-se que o invasor era Stan Rotkiewicz – um executivo da rede de TV que acompanhava a final à beira do gramado e se fingiu de "bêbado fujão" para atrasar o reinício de jogo.

27. O torcedor-cornerback dos Patriots

No futebol americano a torcida faz muita diferença. O barulho proposital dos fãs costuma atrapalhar o time adversário no começo de uma jogada, impedindo os atletas de se comunicarem adequadamente com o técnico e entre si.

Mas, às vezes, o torcedor apaixonado vai longe demais. Foi o que aconteceu em um jogo dos Patriots logo no seu segundo ano de existência. Em 3 de novembro de 1961, o time de Boston jogava no Nickerson Field lotado contra os Dallas Texans (atual Kansas City Chiefs).

Faltando poucos segundos para o fim da partida, os Patriots venciam por 28 X 21, mas os Texans tinham a posse de bola e estavam a ponto de marcar um touchdown para virar o placar e ganhar a partida.

Nesse ponto do jogo, um torcedor invadiu sorrateiramente o gramado pelo fundo da endzone. O fã dos Patriots esperou o lançamento do quarterback Cotton Davidson e, com o preparo atlético de um verdadeiro cornerback, desviou a bola, impedindo o touchdown.

Incrivelmente, os árbitros não perceberam essa jogada, para desespero dos Texans e alegria da torcida do time de Boston.

O jogo acabou e o tal torcedor se tornou "herói" na cidade de Boston, ainda que ninguém soubesse quem ele era, já que logo depois do lance o fã se esgueirou pela torcida e sumiu.

Até hoje se tenta descobrir a identidade do espertalhão. Fontes dos próprios Patriots apontam para Billy Sullivan, o fundador do clube, que costumava ver as jogadas decisivas no meio da torcida, perto da endzone.

Sullivan morreu em 1998, sem nunca negar nem admitir a travessura.

28. Dallas, Kennedy e Cowboys: da vergonha ao triunfo

Vinte e dois de novembro de 1963. O então presidente dos Estados Unidos, John Fitzgerald Kennedy, fazia uma visita a Dallas, no Texas. Tentando melhorar sua popularidade, decide se aproximar do povo, cruzando a cidade em um carro aberto.

Exatamente ao meio-dia e meia, tiros são ouvidos. Uma hora depois é anunciada oficialmente a morte do 35º presidente dos Estados Unidos.

A cidade de Dallas entrou para o imaginário norte-americano como "o lugar da vergonha". E o time dos Dallas Cowboys não ficou imune a isso: onde quer que jogasse era vaiado e hostilizado.

Esse foi um sentimento forte a ponto de o dono dos Browns, Art Moddell, proibir o narrador oficial do Cleveland Stadium de mencionar a palavra "Dallas" durante os jogos.

Os Cowboys seguiram sua vida, revelando craques como Bob Lilly, Mel Renfro, Bob Hayes e o técnico Tom Landry. Em 16 de janeiro de 1972, comandada pelo quarterback Roger Staubach, a equipe texana vai a campo contra os Miami Dolphins no Super Bowl VI e dá um show, vencendo a partida por 24 X 3 e empolgando toda a nação.

Pela primeira vez em oito anos, em uma pesquisa de opinião pública, a imagem de Dallas não foi associada ao assassinato de Kennedy, mas sim ao time de futebol americano.

Os Cowboys, definitivamente, resgataram a reputação da cidade que os abrigou. E entraram para a história como o America's Team.

29. O sensacional gol contra de Jim Marshall

Jim Marshall foi um dos melhores jogadores de defesa dos anos 1960 e 1970. Atuou a maior parte da carreira nos Vikings, onde quebrou vários recordes da franquia e da NFL, inclusive o de maior número de partidas consecutivas disputadas – 282 no final de sua trajetória.

Mas ele ficou famoso também por uma enorme trapalhada. Em 25 de outubro de 1964, os Vikings enfrentavam os San Francisco 49ers em Minneapolis, quando Marshall recuperou um fumble e correu 66 jardas em direção à endzone. A endzone errada, diga-se.

Sim, o defensive end perdeu a noção espacial e, ao pegar a bola, rumou no sentido inverso ao que deveria correr.

Ao chegar na (própria) endzone, atirou a bola para a torcida, comemorando aquilo que pensava ser um touchdown para os Vikings. Na verdade, o resultado foi um safety para os San Francisco 49ers.

Para sua sorte, os Vikings venceram a partida, por 27 X 22, mas seu incrível "gol contra" nunca mais foi esquecido – até hoje ele figura nos livros como a mais longa jogada de "jardas negativas" da história.

30. A pancada que o mundo inteiro ouviu

O futebol americano é um esporte duro, para gente disposta a aguentar pancadas. Todo mundo sabe disso.

Nenhum jogador nesse esporte é mais duro que os linebackers. Atletas como Dick Butkus, Lawrence Taylor e Ray Lewis fizeram história graças ao seu modo implacável de deter os adversários.

Mas foi um linebacker dos Buffalo Bills o responsável por um tackle tão violento que entrou para o folclore da modalidade.

Na grande final do campeonato de 1964 da AFL, Chargers e Bills faziam um jogo nervoso. O time de San Diego saiu na frente e dominava a partida.

A certo ponto, o running back Keith Lincoln, ídolo do time californiano, se deslocou para receber um passe e... bum! Houve um tackle poderosíssimo do linebacker Mike Stratton, dos Buffalo Bills.

Lincoln foi direto para o hospital, com duas costelas fraturadas. O jogo mudou de rumo e foi vencido pelos Bills por 20 X 7, garantindo o primeiro título da franquia.

A jogada vigorosa de Mike Stratton ficou conhecida como "The hit heard around the world" – ou "A pancada que o mundo inteiro ouviu" – e entrou para a história do futebol americano.

Curiosamente, anos depois Keith Lincoln foi jogar nos Bills – o mesmo time de seu algoz.

Em 2011, os dois jogadores receberam uma homenagem do clube – sem nenhuma mágoa ou ressentimento. Em nome do esporte.

31. Lamar Hunt – o inventor do Super Bowl

Lamar Hunt. Se esse nome não faz muito sentido para você, pelo menos o outro, criado por ele, é bem conhecido: Super Bowl. Foi Lamar Hunt quem batizou a grande final do campeonato de futebol americano.

Mas ele fez muito mais do que isso. Hunt era um geólogo que enriqueceu na indústria do petróleo durante a década de 1950 e sua paixão eram os esportes. Em 1959, junto com outros idealistas, criou a AFL, única liga rival da NFL que teve sucesso em toda a história desse esporte.

Lamar Hunt também fundou, na mesma época, os Dallas Texans, time que em 1963 se mudaria para o Missouri e passaria a se chamar Kansas City Chiefs.

Seu clube e sua liga deram tão certo que a poderosa NFL teve de se render e propor uma união, que aconteceu aos poucos. O primeiro passo foi a criação de uma partida entre os campeões da AFL e da NFL, em 1966.

Um dia, vendo sua filha se divertir com um brinquedo chamado Super Ball, Hunt teve a inspiração para o nome daquele jogo: o Super Bowl.

Seu time, por sinal, venceria a grande final pouco tempo depois. Os Chiefs disputaram o Super Bowl IV, derrotando os Vikings por 23 X 7 em 11 de janeiro de 1970.

Hunt não foi importante apenas para o futebol americano. Ele também ajudou a desenvolver o tênis na terra do Tio Sam e era um grande entusiasta do *soccer*: foi pessoalmente ver jogos de 11 Copas do Mundo e ajudou a fundar a Major League Soccer (MLS). Ele é a única pessoa na história a figurar no Hall da Fama desses três esportes.

Lamar Hunt morreu em 2006 e transformou-se em uma lenda e um exemplo para os norte-americanos.

32. O time dos santos

Não faltam na NFL times com nomes de feras e criaturas ameaçadoras: Lions, Jaguars, Falcons, Ravens, Panthers... Mas há também equipes com denominações bem mais enigmáticas, que nada têm a ver com o ambiente brutal do futebol americano.

É o caso dos New Orleans Saints. O time foi assim batizado em 1966 para homenagear as tradições católicas de Nova Orleans. A inspiração veio da famosa canção *When the saints go marching in*. E combinou com a data oficial da fundação do time: 1º de novembro – o Dia de Todos os Santos.

Para completar, os donos da equipe escolheram como símbolo uma flor: o lírio, uma referência à herança cultural francesa do estado da Louisiana.

Os Saints disputaram quatro vezes os playoffs entre 2009 e 2014, ganhando o Super Bowl XLIV e a divisão Sul da NFC em duas ocasiões.

Verdade seja dita, o time não tem nada de "santo". Protagonizou em 2009 o escândalo apelidado de Bountygate, em que um treinador auxiliar dava recompensas a jogadores que machucassem os adversários.

33. A incrível história do Ice Bowl

Temperatura: 15 graus Fahrenheit negativos ou 26 graus Celsius negativos. Esse era o ambiente em que Dallas Cowboys e Green Bay Packers se encontrariam no Lambeau Field, em Green Bay, no dia 31 de dezembro de 1967.

Era a final da NFL daquele ano e o jogo que definiria um dos finalistas para o Super Bowl II. Com o vento, a sensação térmica no início da partida descia ainda mais: 38 graus Celsius negativos. Muitos acreditavam que a partida seria cancelada.

A banda da University of Wisconsin desistiu de sua tradicional apresentação quando alguns de seus músicos desmaiaram ou viram seus instrumentos congelarem. Mesmo assim, a NFL decidiu ir em frente com a disputa.

Logo no primeiro lance, o árbitro principal ficou com o apito grudado nos lábios e precisou arrancá-lo, causando um grande corte. Daí para a frente, nada de apitos: os juízes passaram a gritar para os jogadores.

O frio não era o único problema: o então moderno sistema de aquecimento do campo não deu conta da massa de ar polar e o gramado simplesmente congelou, se tornando um grande rinque de patinação.

Assim, esse duelo inusitado ficaria conhecido como Ice Bowl.

No final, faltando 16 segundos para o encerramento, os Packers perdiam por 17 X 14, mas estavam a menos de uma jarda da endzone e o técnico Vince Lombardi ordenou uma jogada de corrida do fullback Chuck Mercein.

No entanto, o quarterback Bart Starr, um dos mais inteligentes da história do esporte, decidiu mudar a estratégia. Percebendo que seu companheiro estava literalmente sobre uma placa de gelo, preferiu ele mesmo avançar para a endzone com a bola.

Deu certo. Touchdown dos Packers e a vitória improvável por 21 X 17.

O Ice Bowl não foi o jogo mais frio da história, mas certamente se tornou o mais famoso já disputado em condições árticas.

34. Heidi Game – a maior gafe da TV nos Estados Unidos

Na década de 1960, dificilmente os jogos de futebol americano duravam mais que duas horas e meia. Por isso, era comum as emissoras de TV programarem filmes, telejornais ou shows de auditório exatamente três horas depois do horário de início de cada partida.

Não foi diferente em 17 de novembro de 1968, dia em que New York Jets e Oakland Raiders se enfrentavam em uma peleja importante para os rumos da AFL. O jogo começou às 16 horas e em seguida, às 19 horas, iria ao ar o filme *Heidi*, clássico do cinema infantil.

Os executivos da NBC, porém, não contavam com o fato de que aquela seria uma disputa incrivelmente morosa. Foram 71 tentativas de passes, com o relógio parando a cada lançamento incompleto.

Os juízes marcaram 19 faltas, o que fez o cronômetro ser interrompido ainda mais vezes. Para piorar, as equipes usaram todos os pedidos de tempo disponíveis. Ou seja, mais 12 paralisações.

Com isso, a partida se prolongou e, às 19 horas, o horário marcado para o início do filme infantil, ainda havia ao menos um minuto e um segundo por jogar, com os Jets vencendo por 32 X 29.

Os técnicos da NBC seguiram a programação à risca e cortaram a transmissão. Saíram da tela os brutamontes dos Jets e dos Raiders e apareceu a doce garotinha Heidi.

Pois bem... Naquele minuto restante, que ninguém viu na TV, os Raiders marcaram dois touchdowns e alteraram o seu lado no placar: Jets 32 X 43 Raiders.

Sem saber disso, a torcida dos New York Jets comemorou por horas uma vitória inexistente. Muitos só se deram conta da virada improvável no dia seguinte, ao lerem os jornais.

A revolta foi tanta que a NBC precisou pedir desculpas formalmente e os dirigentes do futebol americano criaram uma nova cláusula nos contratos de transmissão, obrigando as emissoras a mostrar as partidas até o último segundo.

E a menina Heidi, de uma simpática personagem infantil, passou a ser objeto de ódio na Big Apple.

35. Browns e Bengals – rivais unidos por um ídolo

Cleveland Browns. Equipe formada em 1946. Seu grande rival: os Cincinnati Bengals. Ídolo histórico: o técnico Paul Brown.

Cincinnati Bengals. Equipe formada em 1968. Seu grande rival: os Cleveland Browns. Ídolo histórico: o técnico... Paul Brown!

Sim, as duas equipes adoram o mesmo personagem histórico.

A explicação envolve um enredo que poderia se tornar filme de Hollywood. Paul Brown foi um dos maiores treinadores de futebol americano. A ponto de os Browns terem esse nome em homenagem a ele, o primeiro líder da equipe, em 1946.

Ele revolucionou o futebol americano profissional e foi um dos primeiros a recrutar jogadores negros. Assim, revelou astros como Jim Brown – considerado até hoje um dos maiores running backs de todos os tempos.

Quando foi demitido, em 1963, decidiu criar a própria franquia. Ganhou o apoio de empresários de Cincinnati e, em 1968, nasceram os Bengals, equipe que ele conduziu até 1975.

Paul Brown morreu em 1991.

36. Como os Jets salvaram a reputação do Super Bowl

Nos últimos tempos, os New York Jets não têm sido lá uma grande força na NFL. Por isso mesmo os torcedores da equipe nova-iorquina precisam olhar para o passado quando querem manter o ânimo. Um passado com histórias marcantes, como a do Super Bowl III, um jogo que mudou o rumo do futebol americano.

O Super Bowl havia sido inventado dois anos antes, para ter frente a frente os campeões das duas ligas rivais: a tradicional NFL e a novata AFL. Um tira-teima para unificar o campeão nacional.

No começo de 1969, no entanto, boa parte dos norte-americanos ainda achava que isso era perda de tempo, pois os times da NFL eram nitidamente superiores: nas duas primeiras edições do Super Bowl, venceram com folga os rivais da AFL. Todos achavam que seria sempre assim.

Até o dia em que o irreverente quarterback Joe Namath, irritado com tanto desprezo, declarou: "Nós vamos vencer a final. *Eu garanto!*".

Não deu outra: em 12 de janeiro de 1969, os Jets, representando a AFL, bateram a poderosa e favorita equipe dos Baltimore Colts, da NFL, por 16 X 7.

Essa foi uma das maiores surpresas da história do futebol americano. Pela primeira vez a liga novata vencia a veterana e foi algo que trouxe muito mais sabor às finais dos anos seguintes – foi também decisivo para a unificação das duas ligas na atual NFL.

A afirmação "*Eu garanto!*" de Namath, por sua vez, entrou para o folclore da liga como um extremamente bem-sucedido desabafo!

37. Jan Stenerud – o precursor de Cairo Santos

Quando o brasileiro Cairo Santos ganhou em 2014 a posição de kicker dos Kansas City Chiefs, herdou também uma grande responsabilidade: fazer jus a uma das maiores lendas do futebol americano – o "chutador" Jan Stenerud.

Stenerud foi um dos maiores kickers do esporte. Jogou a maior parte da carreira no time dos Kansas City Chiefs e conseguiu recordes impressionantes.

Nas suas três primeiras temporadas, entre 1967 e 1970, acertou 70% dos chutes de field goal, enquanto a média dos outros jogadores era de 53%.

O segredo do sucesso estava nas suas origens. Nascido na Noruega, passou a infância praticando esqui na neve e futebol – o da bola redonda. Quando se mudou para os Estados Unidos, chamou a atenção dos treinadores da Montana State University.

Naquele tempo, os kickers norte-americanos corriam em linha reta para a bola e chutavam de bico. Os estrangeiros, como Jan Stenerud e Pete Gogolak, dos Buffalo Bills, faziam diferente. Assim como Pelé, Rivellino e companhia, eles vinham na diagonal e batiam com o peito do pé, garantindo muito mais precisão.

Com os Chiefs, Stenerud foi ao Super Bowl IV e marcou três field goals na vitória contra os Vikings. É o único kicker puro, que nunca jogou em outra posição, escolhido para o Hall da Fama do Futebol Americano.

E até mesmo na Noruega ele foi homenageado. Sua cidade natal, Fetsund, tem hoje uma avenida batizada com seu nome.

38. A primeira narração da NFL no Brasil

Setembro de 1969. Os narradores Everaldo Marques, Rômulo Mendonça e Ari Aguiar nem tinham nascido. Ivan Zimmermann era apenas uma criancinha fazendo traquinagens nas ruas de Blumenau. André Adler, um jovem assistente de produção de uma empresa cinematográfica do Rio de Janeiro. E Luciano do Valle, aos 22 anos de idade, ainda iniciava sua carreira na Rádio Nacional de São Paulo.

Poucos sabem, mas nesse ano o futebol americano foi transmitido pela primeira vez na TV brasileira. A narração foi feita no mesmo prédio onde hoje está a emissora de TV a cabo ESPN, em São Paulo. Naquela época, os estúdios do bairro do Sumaré pertenciam à extinta TV Tupi. Em um dia de setembro de 1969, o então narrador de futebol Walter Silva, o Pica-Pau, recebeu em sua mesa algumas fitas enviadas pela emissora norte-americana CBS. Eram jogos da NFL na íntegra.

Walter Silva sempre foi uma pessoa inovadora e de mente aberta, que amava esportes e música. Ele foi um dos responsáveis, por exemplo, pelo sucesso da cantora Elis Regina. Em vez de descartar as fitas, resolveu pôr tudo no ar, para espanto dos colegas.

Na primeira transmissão – um jogo entre Green Bay Packers e Dallas Cowboys – pediu ajuda ao público: "Se houver alguém aí que entende desse esporte, ligue para nós!".

Para sorte dele, um norte-americano funcionário de um banco em São Paulo estava assistindo ao jogo. Seu nome era Thomas Noonan.

Silva e Noonan fizeram uma dupla de sucesso e a TV Tupi levou ao ar toda a temporada de 1969. As transmissões só não continuaram porque, no ano seguinte, a Copa do Mundo no México dominou as atenções e a programação de TV.

Walter Silva morreu em 2009. Sua mulher, Dea Silva, ainda guarda com carinho o acervo de fotos, revistas e anotações de futebol americano que ele fez.

Um pioneiro da bola oval no Brasil que nunca deve ser esquecido.

39. Dick Butkus – um jogador feroz e cômico!

Quando se fala em grandes linebackers da história, é impossível não mencionar Dick Butkus. O grandalhão de 1,91 metro e 112 quilos foi peça central da defesa dos Chicago Bears entre 1965 e 1973.

Eleito oito vezes para o Pro Bowl, liderou seu time e a NFL em diversas estatísticas, ainda que em seu tempo não fosse hábito computar sacks e fumbles forçados.

Também se tornou tão querido e famoso que participou de nove filmes no cinema (incluindo o clássico de futebol americano *Golpe baixo*) e dezenas de séries de TV, além de inspirar o nome do cão de Rocky Balboa que participou dos filmes da série do lutador.

Mas os músculos e a ferocidade não eram tudo. Butkus tinha um humor sarcástico, que divertia os colegas.

Certa vez, em uma partida contra os San Francisco 49ers, debaixo de muita chuva, um tufo de grama soltou-se no meio do mar de chuteiras e atingiu o linebacker bem no olho. A dor foi tanta que ele perdeu os sentidos e precisou ficar vários minutos fora de campo.

Quando retornou, ouviu do juiz da partida, Norm Schachter, esta frase: "Que susto, hein? Pensei que você fosse perder o olho!" Sua resposta foi imediata: "Se isso acontecesse, eu me tornaria juiz".

Em outra ocasião, Butkus reclamava tanto do árbitro – o mesmo Norm Schachter –, que este, irritado, disse ao linebacker dos Bears: "Se você não calar a boca, vou arrancar a sua cabeça com os dentes!".

Novamente, o jogador respondeu com argúcia: "Faça isso! Você ficará com mais cérebro no estômago do que na cabeça!".

40. Immaculate Reception – o prodígio de Franco Harris

O mais dramático e imprevisível final de partida de playoffs. Assim os torcedores dos Pittsburgh Steelers definem o último lance do embate contra os Oakland Raiders em 23 de dezembro de 1972.

As equipes se enfrentavam no Three Rivers Stadium, em Pittsburgh, disputando uma vaga na final da Conferência Americana, a AFC. Um jogo "amarrado", de placar baixo, onde as defesas se sobressaíam.

Faltando 22 segundos para o fim da partida, os Steelers perdiam por 7 X 6 e estavam em posição desesperadora: na quarta descida para dez jardas, na linha de quarenta jardas do próprio campo e sem poder fazer mais nenhum pedido de tempo.

Para piorar, assim que o snap foi feito, o quarterback Terry Bradshaw se viu incrivelmente pressionado pelos defensive linemen Tony Cline e Horace Jones.

Bradshaw recuou até a linha de 29 jardas, livrou-se de um sack e lançou uma bola longa em direção ao running back John "Frenchy" Fuqua.

Fuqua estava marcado de perto pelo violento Jack Tatum, dos Raiders, que impediu a recepção com uma poderosa trombada. A bola "explodiu" no peito de Tatum e voltou em direção ao solo, dando a impressão a todos – jogadores, torcida, narradores e operadores de câmeras das TVs – de um passe incompleto, o que significaria fim de jogo e vitória dos Raiders.

E aí aconteceu o "milagre". Em vez de ir diretamente até o solo, a bola caiu aos pés do fullback Franco Harris, que nem sequer estava na jogada. Ele conseguiu segurá-la antes que tocasse o gramado e, diante do olhar incrédulo dos adversários, correu livremente para marcar o touchdown.

Final de jogo: Steelers 13 X 7 Raiders. A jogada causou grande polêmica, sobretudo porque as câmeras da NBC não mostraram a bola sendo recuperada por Franco Harris. Assim, muita gente simplesmente não entendeu o que havia acontecido. Somente nos dias seguintes, quando outras filmagens apareceram, foi possível compreender o "milagre de Franco Harris".

O lance ganhou o apelido de Immaculate Reception (Imaculada Recepção), em um trocadilho com o termo religioso católico Immaculate Conception (Imaculada Conceição).

41. Temporada perfeita e... um jacaré no vestiário!

Os Miami Dolphins formam a única equipe da história a conquistar um Super Bowl tendo vencido todas as partidas do campeonato. Essa façanha aconteceu em 1972: o time tinha jogadores famosos, como os quarterbacks Bob Griese e Earl Morrall, que dividiram a posição nas 17 vitórias da temporada.

Mas nem tudo eram flores naquele elenco. Conforme a reta final da temporada se aproximava, crescia o nervosismo do técnico Don Shula, que já havia sido derrotado duas vezes em Super Bowls.

Para quebrar a tensão de seu comandante, o running back Larry Csonka e o defensive tackle Manny Fernandez tiveram uma ideia: pregar uma peça no técnico, aproveitando que o time ficava pertinho dos pântanos da Flórida.

Certo dia, depois de um treino, o treinador foi despreocupadamente tomar um banho no seu vestiário particular. Ao entrar no chuveiro ele se deparou com nada menos que... um aligator – o jacaré norte-americano!

Bem vivo e ameaçador!

É verdade que os jogadores brincalhões usaram o bom senso e prenderam a boca do animal com fita adesiva. Mesmo assim, Shula levou um susto tão grande que saiu correndo pelado pelo clube, na frente de quem estivesse por ali, para delírio da equipe.

Diante da traquinagem, o técnico tinha duas alternativas: demitir dois de seus melhores atletas ou levar na brincadeira e relaxar a tensão. Escolheu a segunda opção. Cheios de bom humor, os Dolphins seguiram rumo ao título invicto.

42. Holy Roller – a malandragem que mudou uma regra

Faltavam dez segundos para o fim da partida quando o quarterback Ken Stabler, dos Raiders, recebeu a bola na linha de 14 jardas do adversário em um jogo contra os Chargers que aconteceu na segunda semana da temporada de 1978.

Os Raiders perdiam – o placar registrava Raiders 14 X 20 Chargers –, e aquela era a última chance de virar o jogo. Stabler recuou até a linha de 24 jardas, mas, antes que pudesse lançar, foi alcançado e agarrado por defensores do time de San Diego.

Enquanto caía ao chão, soltou a bola, que saiu rolando para a frente até a linha de 12 jardas.

O running back Pete Banaszak tentou recuperá-la, mas acabou empurrando-a ainda mais para a frente.

Resultado: depois de 24 jardas rolando pelo gramado, a bola terminou dentro da endzone – e o tight end Dave Casper recuperou a posse de bola.

Touchdown. Placar final: Raiders 21 X 20 Chargers.

Tudo certo, não fosse o fato de Stabler e Banaszak terem soltado a bola propositalmente para fazê-la avançar. Ou seja, naquele 10 de setembro de 1978, ficou exposta uma falha gritante nas regras da NFL: os jogadores podiam cometer fumbles intencionais para ganhar território.

No folclore da NFL, a bizarra jogada ganhou um apelido: Holy Roller (algo como "Santa Rolagem" em português). A polêmica foi tanta que imediatamente depois da temporada as regras foram alteradas, para impedir a malandragem de rolar a oval para a frente de propósito.

Hoje, é proibido dar tapas na bola ou chutá-la após um fumble. Além disso, apenas o próprio jogador que cometeu o fumble pode recuperar a oval mais à frente quando isso ocorre em situação de quarta descida ou nos dois minutos finais de cada tempo. Se outro atleta do time atacante o fizer, a bola é posicionada onde foi solta e não no ponto da retomada.

43. Vince Papale – o novato de trinta anos

Você já imaginou um atleta começar sua carreira na NFL aos trinta anos de idade? E isso sem nunca ter jogado em uma universidade?

Pois saiba que isso já aconteceu. Em 1976, Vince Papale era um ex-praticante de salto com vara que trabalhava durante o dia como professor e à noite como *barman* em um *pub* da Filadélfia. Futebol americano? Somente em times amadores.

Naquela época, os Eagles iam muito mal... O time vinha de uma temporada decepcionante, com dez derrotas e apenas quatro vitórias. Pior ainda: haviam perdido o direito de escolher jogadores nas quatro primeiras rodadas do draft universitário, devido a negociações malfeitas com outras equipes.

Com esse quadro, o recém-contratado treinador Dick Vermeil teve uma ideia: promover uma peneira entre os próprios cidadãos da Filadélfia para ver se aparecia algum talento perdido por ali.

E apareceu. No meio de centenas de aspirantes estava o *barman* Vince Papale.

Recrutado para ser wide receiver e atuar no time de especialistas, aos trinta anos de idade ele se tornou o atleta mais velho a estrear na NFL. Papale também foi um dos raríssimos jogadores que não passaram pelo College Football.

Vince Papale atuou por três anos nos Eagles, até que uma contusão no ombro decretasse a sua aposentadoria. Sua história foi imortalizada em 2006 no filme *Invencível*, estrelado por Mark Wahlberg.

44. O técnico que virou videogame

Se você curte videogames, certamente já ouviu falar do jogo Madden NFL. Sabe de onde vem esse nome?

John Madden foi um dos maiores técnicos da história da NFL e um ídolo dos Oakland Raiders. Queria ser jogador e chegou a ser recrutado pelo time dos Philadelphia Eagles em 1958, mas uma grave contusão no joelho acabou com sua carreira antes mesmo da estreia.

Em 1969, com apenas 32 anos de idade, assumiu o comando dos Oakland Raiders. Levou a equipe a disputar seis finais da AFC e também a conquistar o Super Bowl XI, em janeiro de 1977.

Em dez temporadas como treinador, venceu 103 partidas e perdeu apenas 32 – a segunda melhor marca da história da NFL.

Quando se aposentou dos gramados, passou a ser comentarista esportivo. Ganhou o carinho do público com seu jeito bonachão e sua incrível capacidade de explicar de modo fácil as táticas mais complexas.

Foi pioneiro no uso do *telestrator* – o equipamento que permite desenhar na tela para explicar as jogadas.

Também ficou famoso por suas esquisitices: morria de medo de aviões e, por isso, mandou fazer um ônibus especial para cruzar o país rumo às cidades em que comentava os jogos. Por onde passava ele era recebido com festa.

Madden entrou para o Hall da Fama em 2006 e se aposentou da TV em 2009.

De lá para cá, ocupa seus dias com duas das atividades que sempre lhe deram muito prazer: curtir os cinco netos e ver os jogos dos Raiders na televisão.

45. O (primeiro) Milagre de Meadowlands

Receber a bola no snap e se ajoelhar no gramado do Giants Stadium. Era apenas isso que o quarterback Joe Pisarcik, dos New York Giants, precisava fazer para queimar os 31 segundos que faltavam e garantir a vitória sobre os Philadeplhia Eagles em uma partida da 12ª semana da temporada de 1978.

Mas as coisas não aconteceram como a torcida nova-iorquina esperava naquela tarde em Meadowlands. Em uma decisão bem bizarra, o coordenador ofensivo Bob Gibson ordenou uma jogada de corrida em lugar do ato de ajoelhar.

E o desastre veio... Ao tentar dar a bola ao running back Larry Csonka, Pisarcik se atrapalhou e a deixou cair.

Espertíssimo, o cornerback Herman Edwards, dos Eagles, se antecipou, agarrou a pelota e partiu em uma corrida de 26 jardas em direção à endzone.

Touchdown para os Eagles e uma virada absolutamente inesperada. Placar final: 19 X 17 para a equipe de Filadélfia.

A jogada entrou para o folclore da liga com o nome O Milagre de Meadowlands, mas os torcedores dos Giants preferem chamá-la de The Fumble.

O fato é que, no dia seguinte, o coordenador ofensivo Bob Gibson foi demitido. O técnico principal, John McVay, durou no cargo apenas algumas semanas mais... E, claro, nunca mais ninguém cometeu um erro tão bisonho na NFL.

46. O hino chiclete dos San Diego Chargers

Todo time tem o seu grito de guerra, mas os San Diego Chargers foram além disso: essa equipe da Califórnia é conhecida por uma música chiclete.

Em 1979, a equipe empolgava o país com atletas cheios de técnica, como Dan Fouts e Charlie Joiner. O jeito alegre e ousado de jogar criado pelo técnico Don Coryel tinha tudo a ver com a cultura pop da época - o tempo da disco music. E os donos do clube perceberam isso.

Contrataram um produtor musical que já havia trabalhado com ninguém menos que Michael Jackson, além de também ter Diana Ross em seu currículo.

O resultado foi *San Diego Super Chargers*, um *hit* da era das discotecas que até hoje é tocado nos estádios toda vez que a equipe marca um touchdown.

A música ultrapassou a fronteira das arquibancadas e se transformou em mania entre os torcedores. Não faltam vídeos no YouTube de fãs de hoje e do passado, anônimos e famosos, dançando ao som do "hino chiclete". É também tocada em casamentos, festas de aniversário, baladas, caraoquês e nos concursos promovidos pelos patrocinadores antes dos jogos.

Mas e os adversários? Em 2007, após um jogo de playoffs, o técnico dos Patriots, Bill Bellichik, resumiu bem a situação: "Eu odeio essa música. Ela gruda na minha cabeça durante os jogos e não sai mais".

47. Freezer Bowl – outro jogo bem frio

Diversas partidas nos quase cem anos de NFL foram disputadas em condições polares (veja "A incrível história do Ice Bowl", na página 57). Essa foi disputada em Cincinnati, em 10 de janeiro de 1982.

Os Chargers enfrentaram os Bengals na final da AFC sob um frio de 23 graus negativos com ventos de 43 quilômetros por hora, o que baixava ainda mais a sensação térmica daquele dia.

Os Bengals, mais acostumados às intempéries, venceram por 27 X 7.

Parece até natural: os Chargers, além de serem da ensolarada San Diego, na Califórnia, vinham de uma disputa de mais de quatro horas, com direito a prorrogação, ocorrida na semana anterior em Miami – sob um calor de 32 graus...

48. The Catch – a magia de Joe Montana e Dwight Clark

Seria possível escrever um livro inteiro sobre as grandes jogadas de Joe Montana e seus colegas no time dos San Francisco 49ers na década de 1980. Um desses lances inesquecíveis ficou conhecido como The Catch (algo como "A Recepção" em português).

Foi na final da Conferência Nacional de Futebol, a NFC, em 10 de janeiro de 1982. Com apenas 58 segundos para o fim da partida, os Niners perdiam por 27 X 21 para os Dallas Cowboys, mas estavam com a bola na linha de 6 jardas do campo do adversário na terceira descida.

A jogada ordenada pelo técnico Bill Walsh era um passe no lado direito do campo para o wide receiver Freddie Solomon. Montana recebeu o snap e, vendo que seu companheiro estava muito bem marcado, foi gradualmente recuando em direção à linha lateral do campo até o momento em que três defensores dos Cowboys o cercaram, na linha de 13 jardas. Um sack iminente.

Vieram então as duas grandes surpresas da jogada.

Primeiro ato da magia: Montana conseguiu lançar uma bola longa e rápida, a despeito de ter vários jogadores muito grandes à sua frente tentando bloqueá-lo. Um deles era o defensive end Ed "Too Tall" Jones, com 2,06 metros de altura.

Segundo ato da magia: o tight end Dwight Clark surgiu do nada, no fundo da endzone inimiga, para receber a bola lançada por Montana. Com um salto impressionante, ele conseguiu agarrar a pelota que vinha "voando" a quase três metros de altura.

Touchdown para os San Francisco 49ers e a virada no placar. No final, o time californiano venceu por 28 X 21 e avançou para a disputa do Super Bowl XVI.

49. Quando um presidiário salvou os Patriots

Não são raros os jogos em que as condições meteorológicas influenciam no resultado final, mas houve uma partida que entrou para a história por um acontecimento mais que inusitado.

Em 12 de dezembro de 1982, Patriots e Dolphis se enfrentavam no Schaefer Stadium, a antiga casa do time de New England.

Uma inesperada tempestade deixou o gramado coberto de neve e o resultado foi um jogo feio, que permaneceu 0 X 0 até o finzinho do último período.

Faltando menos de cinco minutos, os Patriots conseguiram avançar até o ponto onde um field goal de 33 jardas poderia ser tentado. Mas, com tanto gelo e neve, as chances de acerto eram poucas.

Nesse momento, o quarterback Steve Grogan teve uma ideia genial. Apontou para um trator de remover neve que estava à beira do gramado e gritou para o técnico Ron Meyer: "Mande ele entrar!".

O treinador rapidamente ordenou ao operador da máquina que desse uma "passadinha" pelo campo, bem no ponto de onde seria feito o chute. E foi exatamente isso o que aconteceu, sob os olhares incrédulos dos jogadores adversários.

Com campo limpo, o kicker John Smith converteu o field goal e os Patriots venceram por 3 X 0.

Esse jogo ficaria conhecido como Snow Plow Game (Jogo do Trator de Neve). O herói da partida, ovacionado pela torcida, foi o operador da geringonça, um presidiário chamado Mark Henderson, que naquele dia fazia trabalho comunitário no estádio.

Perguntado sobre sua atitude depois do jogo, ele respondeu: "O que eles poderiam fazer? Pedir minha ida para a cadeia?".

50. Colts e a fuga na calada da madrugada

Você já imaginou acordar um dia e descobrir que seu time do coração mudou de cidade na calada da noite?

Foi essa sensação amarga que tiveram habitantes de Baltimore em 29 de março de 1984. Lá ficava a equipe dos Colts, um clube fundado trinta anos antes, que havia se tornado uma instituição sagrada graças a astros como Johnny Unitas, Lenny Moore e Raymond Berry.

Em Baltimore, os Colts ganharam três títulos nacionais e conquistaram o Super Bowl V, em janeiro de 1971. Mas, conforme os anos se passaram, o relacionamento entre os políticos da cidade e o dono do clube, Robert Irsay, se desgastou.

Irsay queria um novo estádio e as autoridades criavam obstáculos. Ninguém se entendia. A briga cresceu tanto que a prefeitura iniciou um processo para desapropriar o time e torná-lo patrimônio municipal.

Antes que a proposta fosse votada, Robert Irsay contratou 15 caminhões de mudança e levou o clube inteiro embora dali naquela madrugada...

Das mesas dos escritórios aos capacetes dos atletas, dos grampeadores às traves de field goal, tudo foi colocado às pressas nos caminhões, que seguiram secretamente rumo a Indianapolis.

Lá, com o apoio da prefeitura, o time ganhou um estádio novo e várias regalias.

Até hoje essa mudança de cidade é vista como um dos fatos mais polêmicos da história da NFL: ela é amada pelos cidadãos de Indiana, mas execrada pelos moradores de Maryland.

51. O mais chocante lance do Monday Night Football

Se você assistiu ao filme *Um sonho possível* (*The blind side*), que deu o Oscar a Sandra Bullock, deve se lembrar de uma cena, logo no comecinho, mostrando um sack de Lawrence Taylor em Joe Theismann.

No filme de Hollywood, a imagem passa rápido para não chocar tanto o público. Mas, no dia em que o lance aconteceu, 18 de novembro de 1985, o *replay* virou estômagos em cadeia nacional

O jogo estava sendo transmitido ao vivo pela ABC no programa *Monday Night Football*. Theismann era um ídolo da torcida dos Washington Redskins, campeão no Super Bowl XXVII e duas vezes eleito ao Pro Bowl.

Taylor, por sua vez, era venerado pelos fãs dos New York Giants. Um dos linebackers mais vigorosos de todos os tempos, acumularia dez idas ao Pro Bowl e duas vitórias em Super Bowl durante a sua carreira.

Na jogada, os Redskins tentavam um flea flicker. Lawrence Taylor, no entanto, não mordeu a isca e partiu diretamente para cima do quarterback adversário, finalizando seu movimento com um salto digno de um atleta olímpico.

Seu joelho caiu diretamente sobre a panturrilha direita de Joe Theismann, sem que este tivesse alguma chance de se esquivar. Resultado: fratura exposta de tíbia e fíbula.

A gravidade do lance foi percebida imediatamente – inclusive pelo próprio Lawrence Taylor. Famoso pelo ar de "bad boy" e por seu modo intimidador, ele teve uma reação inesperada. Levou as mãos à cabeça e começou a sinalizar desesperadamente para os médicos na sideline, em busca de ajuda para o adversário.

Uma vez no hospital, Joe Theismann recebeu dos médicos a notícia de que os ossos estavam tão esmigalhados que dificilmente poderia voltar a praticar qualquer esporte novamente.

E, de fato, aquela foi sua última partida na NFL.

52. The Drive – o dia em que John Elway só não fez chover

John Elway foi um dos maiores quarterbacks do esporte. Jogou nos Broncos de 1983 a 1998, foi eleito nove vezes para o Pro Bowl, levou o time a conquistar cinco vezes o título da Conferência Americana e venceu dois Super Bowls. Detém vários recordes do time de Denver e está no Hall da Fama do Futebol Americano.

Uma de suas atuações mais memoráveis ocorreu no dia 11 de janeiro de 1987. Na decisão de conferência contra os Cleveland Browns, faltando apenas cinco minutos e 32 segundos para o fim da peleja, os Broncos perdiam por 20 X 13 na casa do adversário.

Elway iniciou a última campanha do time na linha de duas jardas – portanto, com nada menos que 98 jardas pela frente se quisesse marcar um touchdown e empatar a partida.

Com sangue-frio, pontaria e muita inteligência, ele cruzou o campo todo, conduzindo 15 jogadas em cinco minutos e dois segundos. A última delas, um touchdown com um passe para Mark Jackson.

A sucessão avassaladora ficou conhecida como The Drive e permitiu à equipe de Denver levar o jogo para a prorrogação. Empolgados, Elway e seus companheiros avançaram então até o ponto onde o field goal da vitória foi marcado.

53. Cardinals – o clube que rodou o país

Não são poucos os times que trocam de cidade em busca de mais público ou de um novo estádio. Isso é comum nas ligas esportivas norte-americanas.

Os Chargers, por exemplo, começaram em Los Angeles e se mudaram para San Diego. Os Redskins eram de Boston, mas hoje jogam em Washington D.C. Já os Rams eram de Cleveland, transferiram-se para Los Angeles e agora estão em Saint Louis.

Sem falar na polêmica mudança dos Colts, time que saiu secretamente de Baltimore em uma madrugada de 1984 e foi para Indianapolis (veja "Colts e a fuga na calada da madrugada", na página 79).

Mas, de todas as equipes da NFL, a equipe dos Cardinals é aquela que hoje joga mais longe de seu lugar de origem.

O time nasceu em Chicago no fim do século XIX. Mudou-se para Saint Louis em 1960 e, em 1988, finalmente fincou as chuteiras em Phoenix, no Arizona.

Uma jornada de quase 3 mil quilômetros: algo como se o time do Corinthians se transferisse de São Paulo para Natal, no Rio Grande do Norte, ou como se a equipe do Bahia se mudasse para Porto Alegre.

54. Fog Bowl – o jogo que ninguém viu

Em alguns esportes, como o tênis e o beisebol, qualquer chuvisco ou evento meteorológico inesperado força a interrupção da partida. O futebol americano, por sua vez, acostumou-se a fazer o oposto. Exceto quando há risco para os torcedores – como em tempestades com raios –, o jogo *sempre* é realizado, faça sol, chuva ou neve.

Um dos casos mais famosos foi o da partida de playoffs entre os Philadelphia Eagles e os Chicago Bears em 31 de dezembro de 1988, no estádio Soldier Field, em Chicago.

O jogo começou normalmente, mas, no segundo período, baixou sobre o campo a mais densa neblina já registrada em uma disputa de futebol americano profissional.

A visibilidade caiu para mais ou menos 15 metros – e assim ficou pelo restante da partida. Ou seja, os quarterbacks mal podiam ver os safeties adversários no início de cada jogada. Achar um wide receiver em profundidade? Quase impossível.

Por isso, entraram para a história as estatísticas do quarterback Randall Cunningham, dos Eagles, que somou espantosas 407 jardas em passes, mesmo sob essas condições.

Apesar do feito de Cunningham, o time da Filadélfia não marcou nenhum touchdown e a partida acabou com a vitória dos Bears por 20 X 12.

Detalhe: não foram somente os jogadores os afetados – narradores de TV e rádio dependiam dos repórteres à beira do campo para descrever o jogo e, mesmo assim, eles eram obrigados a "adivinhar" o resultado de alguns lances.

Os juízes também não conseguiam ver os marcadores de downs e o árbitro principal passou a falar no microfone, a cada descida, em que jarda a bola seria posicionada e quanto faltava para a conquista de uma nova série de descidas.

55. Sem huddle e sem problemas!

"No huddle offense" – você já deve ter ouvido esse termo nas transmissões de jogos da NFL. Bastante utilizada, essa é uma tática ousada, mas o que poucos sabem é que não se trata de algo "novo".

Antes, cabe explicar o que é o "no huddle". Em uma jogada normal, os atletas se reúnem em um grupo para receber as instruções do quarterback, que ouve de seu técnico, por meio de um fone no capacete, qual estratégia o time deve executar. A essa reunião é dado o nome de huddle (veja "Huddle – uma invenção dos surdos", na página 20).

Mesmo assim, alguns times conseguem executar jogadas perfeitas sem precisar disso. Assim que termina um down, os atacantes rapidamente se posicionam para começar outro, sem parar para combinar a jogada.

O quarterback passa suas instruções aos companheiros diretamente na linha de scrimmage, e essa rapidez impede que o time adversário substitua jogadores ou consiga se comunicar adequadamente com o técnico. A isso se chama o ataque "no huddle".

A tática existe no College Football desde a década de 1940, mas foi difundida na NFL pelo time dos Cincinnati Bengals no final da década de 1980. O treinador Sam Wyche e o quarterback Boomer Esiason conseguiam fazer toda a equipe decorar uma infinidade de jogadas. Bastava gritar um código para que elas fossem executadas.

Com seu potente ataque, a equipe chegou ao Super Bowl em janeiro de 1989, mas não foi páreo para os San Francisco 49ers, de Joe Montana. Mesmo com a derrota, o ataque "no huddle" dos Bengals ganhou os olhos e os corações da NFL e hoje é copiado por muitos dos times.

56. Joe Cool – o mais perfeito apelido para Joe Montana

Muitos o chamam de "o Pelé do futebol americano" – ainda que outros discordem de comparações com o *soccer*. Há ainda aqueles que preferem Tom Brady ou Peyton Manning.

O fato é que Joe Montana mudou a história do esporte ao vencer nada menos que quatro Super Bowls com os San Francisco 49ers e ser o Most Valuable Player (MVP) – o melhor jogador em campo – em três deles.

A frieza dos números, porém, quase sempre empana outras características impossíveis de medir com estatísticas. No caso de Montana, a sua tranquilidade – e mesmo seu bom humor – diante de situações desesperadoras é um desses fatores intangíveis.

Talvez o maior exemplo seja sua atuação no Super Bowl XXIII, em janeiro de 1989. Com o time perdendo para os Cincinnati Bengals por 16 X 13 e faltando apenas três minutos para o fim do jogo, ele reuniu seus companheiros no huddle para uma série de jogadas que seria decisiva. O clima era de enorme tensão.

Não se sabe se de propósito ou espontaneamente, o quarterback virou-se para as arquibancadas e perguntou aos companheiros: "Ei, olhem ali perto da saída de emergência; não é o John Candy???".

A referência ao comediante sentado entre o público foi algo tão inesperado e inusitado nos momentos finais de um Super Bowl que destruiu o nervosismo geral e fez seus colegas darem muitas risadas.

Com o time mais relaxado, Montana conduziu o ataque por 92 jardas e lançou o touchdown da vitória a trinta segundos do final.

Nada mais justo que ganhar o apelido Joe Cool.

57. Os curiosos laços entre Falcons e Packers

Atlanta Falcons e Green Bay Packers não jogam na mesma divisão nem constituem rivalidade relevante. Mesmo assim, os dois clubes estão ligados por grandes ironias do destino.

Quando os Falcons foram fundados, em 1965, os Packers já existiam havia quatro décadas e viviam sua fase áurea. Não foi à toa que a equipe de Atlanta imediatamente tentou roubar de Green Bay o treinador Vince Lombardi – uma lenda da NFL.

Não deu certo, mas os Falcons acabaram levando Norb Hecker, um dos assistentes de Lombardi, que comandaria a equipe da Georgia em seus primeiros anos.

Desde então, muitas disputas memoráveis aconteceram, como em 4 de janeiro de 2003, dia em que os Falcons se tornaram o primeiro time na história a vencer uma partida de playoffs no Lambeau Field – a sagrada casa do time de Green Bay.

Mas a ligação mais marcante entre esses dois clubes não foi um jogo, e sim a transferência de um atleta. No draft de 1991, contra a vontade do técnico Jerry Glanville, a diretoria dos Atlanta Falcons selecionou um quarterback grandalhão, da University of Southern Mississippi. Seu nome: Brett Favre.

Sem apoio do próprio treinador, Favre teve uma temporada de estreia horrorosa. Quase não entrou em campo e logo em sua primeira chance lançou uma interceptação retornada para touchdown.

Não completou um passe sequer jogando pelos Falcons.

Os Packers, no entanto, acreditavam em seu potencial e ficaram com o desajeitado Brett Favre a troco de uma escolha no draft.

Para desespero dos fãs dos Falcons, ele viria a se tornar um ídolo em Green Bay. Levou a equipe a vencer um Super Bowl e se consagrou como um dos maiores quarterbacks da história, com 186 vitórias na sua carreira de 16 anos na franquia de Wisconsin.

Nesse tempo todo, os Atlanta Falcons não foram além de uma conquista da Conferência Americana em 1998, e perderam quatro das sete partidas disputadas contra os Green Bay Packers.

58. The Comeback – a virada radical

Lembra-se da Copa do Mundo de 2014? Imagine se, no segundo tempo da partida contra a Alemanha, o Brasil tivesse conseguido virar o jogo e, em vez dos 7 X 1, o placar final tivesse sido 8 X 7 para a Seleção Canarinho. Ok, é difícil projetar isso. Mas, no futebol americano, já aconteceu algo radical assim.

Em 3 de janeiro de 1993, Houston Oilers (atual Tennessee Titans) e Buffalo Bills jogavam pela rodada de wild card da AFC. Os Bills estavam desfalcados de sua principal estrela, o quarterback Jim Kelly, e começaram muito mal a partida.

No início do segundo tempo, os Oilers estavam vencendo por 35 X 3 – isso mesmo, 32 pontos de diferença.

Nesse ponto do jogo, o quarterback reserva do time de Buffalo, Frank Reich, desencantou. Ao longo da segunda etapa, conseguiu quatro passes para touchdown. O running back Keneth Davis ainda somou um touchdown terrestre. Enquanto isso, os Oilers não foram além de um field goal.

Empatada em 38 X 38, a partida foi para a prorrogação. E o kicker Steve Christie garantiu a vitória para os Bills com um chute de 32 jardas.

Essa virada radical teve diversas consequências. No dia seguinte, os Oilers demitiram o coordenador defensivo Jim Eddy. Os

Bills, embalados, venceram mais duas partidas e se classificaram para o Super Bowl XXVII.

A chuteira usada por Steve Christie no field goal decisivo se tornou um "troféu" em Canton, Ohio, exibido no Hall da Fama do Futebol Americano.

59. Os mais famosos erros no Super Bowl

Erros, erros e mais erros! O nervosismo e a ansiedade de jogar um Super Bowl já atrapalharam muita gente. Três ocasiões ficaram especialmente famosas.

No Super Bowl XXVII, em janeiro de 1993, o defensive tackle Leon Lett, dos Cowboys, conseguiu recuperar um fumble e retornou sozinho em direção à endzone adversária. No entanto, decidiu comemorar antes da hora e, a centímetros de marcar o touchdown, teve a bola arrancada de suas mãos.

Para sorte de Leon Lett, os pontos perdidos na jogada não fizeram falta e o time de Dallas venceu os Buffalo Bills por 52 X 17.

Mais bizarro ainda foi o lance protagonizado pelo kicker Garo Yepremian, dos Miami Dolphins, no Super Bowl VII, em janeiro de 1973. Ao ter um chute de field goal bloqueado, ele recuperou a bola e tentou dar uma de quarterback.

O resultado foi um desastre. A bola escapou de sua mão enquanto o braço ainda ia para trás, subiu quase um metro de altura e acabou interceptada por Mike Bass, dos Redskins, que correu 49 jardas e marcou um touchdown.

A trapalhada ficou famosa, mas ainda assim os Dolphnis levaram a melhor, vencendo por 14 X 7.

Menos sorte teve o kicker Scott Norwood, dos Bills. No Super Bowl XXV, disputado em janeiro de 1991, ele teve nos pés a chance de dar ao time de Buffalo a conquista inédita do troféu Vince Lombardi.

A oito segundos do final, disparou um chute de 47 jardas e errou. A partida terminou com vitória dos Giants por 20 X 19.

Norwood ainda jogaria mais um ano pelos Bills, mas o peso daquele erro foi demais para ele. Dispensado da equipe, abandonou o futebol americano e desapareceu por quase duas décadas. Nos últimos anos seu paradeiro foi descoberto: ele vive na pequena cidade de Aldie, na Virgínia, e trabalha como corretor de seguros.

60. Fake Spike – uma jogada fatal

Tempo. No futebol americano, é essencial saber controlá-lo. Principalmente no fim de uma partida.

Quando o jogo está nos últimos segundos e o time que tem a posse de bola perde por poucos pontos, um recurso para parar o cronômetro e ter a chance de organizar uma última tentativa de ataque é o spike.

Spike é uma jogada em que o quarterback atira a bola ao chão imediatamente após recebê-la. Tecnicamente, é um passe incompleto. Ou seja, queima-se uma das quatro chances de atacar, mas, em compensação, obriga os juízes a pararem o relógio do jogo.

Curiosamente, o spike mais famoso da história foi um que... bem, não aconteceu! Em 27 de novembro de 1994, os Dolphins perdiam por 24 X 21 para os seus arquirrivais Jets. O ataque, comandado por Dan Marino, avançou até a marca de oito jardas do campo inimigo, faltando apenas trinta segundos para acabar a partida.

Marino correu para iniciar a jogada apontando para o chão e gritando seguidamente a palavra "clock" – "relógio", em português. Era o código para fazer um spike e parar o jogo e o cronômetro.

A defesa dos Jets, vendo esse sinal tão típico, relaxou, acreditando piamente que Marino jogaria a bola ao chão. Mas, em vez disso, ele a lançou sorrateiramente para o wide receiver Mark Ingram.

Os adversários apenas assistiram, incrédulos, aos Dolphins marcarem o touchdown da virada. O lance ganhou o nome de Fake Spike e entrou para a história da NFL.

Por ironia, os mesmos Dolphins foram vítimas de um "falso spike" na temporada de 2014: o quarterback Aaron Rodgers, dos Green Bay Packers, usou exatamente a mesma pegadinha contra eles.

61. Cowboys – os reis do MVP

Com cinco títulos de Super Bowl, os Dallas Cowboys figuram ao lado dos San Francisco 49ers como o segundo time com mais vitórias na grande final da NFL. Só os Pittsburgh Steelers ganharam mais: seis conquistas ao todo.

Mas a equipe texana é aquela que em mais oportunidades levou o troféu de MVP (melhor jogador em campo) no Super Bowl. Foram sete atletas contemplados, quase sempre com algum fato curioso permeando a escolha.

No Super Bowl V, por exemplo, o linebacker Chuck Howley foi eleito o melhor em campo – a única vez em que um atleta do time perdedor levou o troféu.

No ano seguinte, o quarterback Roger Staubach faturou o título de MVP – nunca antes um ganhador do prêmio Heisman havia tido essa honra.

Já no Super Bowl XII, outra novidade: dois jogadores dividiram o prêmio – o defensive tackle Randy White e o defensive end Harvey Martin.

A coleção de fatos inusitados não para por aí. No Super Bowl XXVIII, o running back Emmit Smith tornou-se o primeiro atleta a garantir, na mesma temporada, o título de MVP do campeonato e também do Super Bowl.

No Super Bowl XXX, Larry Brown fez história ao ser o primeiro cornerback eleito o melhor jogador da grande final.

A única premiação que não surpreendeu ninguém foi a do Super Bowl XXVII, campeonato em que o quarterback Troy Aikman levou o título. Afinal, Aikman era tão bom que ninguém duvidava dessa façanha.

62. O poeta, os corvos e um time para Baltimore

O que um time de futebol americano pode ter em comum com um poeta romântico do século XIX?

No caso dos Ravens, muita coisa. Em 1996, o então dono dos Browns, Art Modell, decidiu tirar seu clube de Cleveland e transferi-lo para Baltimore.

Depois de muitos protestos e uma briga intensa na Justiça, ele conseguiu permissão para mudar de cidade, desde que alterasse o nome e as cores da franquia.

Os moradores de Baltimore ganharam um novo time na NFL e a chance de escolher seu nome.

Uma eleição foi feita e logo despontou o nome Ravens. Isso graças ao poema "The Raven" ("O corvo", em português), obra do famoso escritor Edgar Allan Poe, que viveu, morreu e está sepultado em Baltimore. Havia outras opções como Americans e Marauders, mas, no final, Ravens venceu com 70% dos votos.

E assim surgiram os Baltimore Ravens, os "Corvos de Baltimore" – e também suas irrequietas mascotes, batizadas inteligentemente de Edgar, Allan e Poe.

63. Carnaval em Phoenix, com a trave do field goal!

Cowboys e Cardinals já foram rivais de divisão entre 1970 e 2001, décadas em que as duas equipes pertenciam à divisão Leste da NFC. Durante esse período, foram registradas 45 vitórias dos Cowboys e 19 dos Cardinals.

Dois desses jogos ficaram marcados na memória dos fãs.

Em 16 de dezembro de 1990, os Cowboys tinham o habilidoso quarterback Troy Aikman e o explosivo running back Emmit Smith. Naquele dia, o time marcou 41 X 10 no placar, uma goleada que inauguraria um tabu de sete anos e 13 vitórias seguidas do time texano.

Os Cardinals só conseguiriam virar a mesa em 7 de setembro de 1997, com uma vitória suada por 25 X 22, na prorrogação. A quebra do tabu deixou a torcida de Phoenix tão enlouquecida que ela protagonizou cenas não lá muito comuns na comportada cidade do oeste norte-americano.

Primeiro, invadiu o gramado para comemorar. A turba ensandecida não se conteve e arrancou o poste de field goal em que o kicker Kevin Butler havia convertido o chute decisivo da partida. A trave foi levada como se fosse um troféu para fora do estádio por milhares de torcedores, que desceram a Mill Avenue em uma inesperada e inusitada "parada" pelas ruas da metrópole.

64. O drama do (quase) perfeito Gary Anderson

Não são raros os field goals perdidos em jogos decisivos. O mais famoso deles, do kicker Scott Norwood, ocorreu no Super Bowl XXV e teve consequências tristes (veja "Os mais famosos erros no Super Bowl", na página 90).

Mas, sem dúvida, o mais inesperado erro em uma tentativa de chute aconteceu em 17 de janeiro de 1999.

Minnesota Vikings e Atlanta Falcons faziam a final da Conferência Nacional de Futebol. Faltando dois minutos e sete segundos para o final do tempo regulamentar, os Vikings venciam por 27 X 20 e Anderson entrou em campo para chutar um field goal de 39 jardas.

Se convertido, ele elevaria a diferença no placar para dez pontos e praticamente garantiria a vitória da equipe de Minnesota.

Detalhe: Gary Anderson havia acabado de se tornar o primeiro kicker da história da NFL a acertar 100% das tentativas de field goal e de extra point durante uma temporada regular.

Bem quando isso não poderia acontecer, naquela jogada a bola viajou muito para a esquerda e ele errou seu primeiro field goal no campeonato. Nada dos três pontos...

Depois da surpresa, os Falcons ganharam novo fôlego. Nos dois minutos seguintes, o time de Atlanta conseguiu atravessar o campo e marcar um touchdown, empatando e levando a partida à prorrogação.

No tempo extra, mais azar para os Vikings e a vitória para os Falcons por 30 X 27.

De herói da torcida, Gary Anderson passou a vilão. Tudo por causa de um único erro, em meio a um ano inteiro de acertos.

65. Madden Curse – a maldição do videogame

Inspirado no famoso treinador dos Raiders, John Madden, o videogame de mesmo nome lançado em 1988 é um dos mais vendidos de toda a história e uma referência em termos de tecnologia e perfeccionismo. Mas ele também tem seu lado obscuro...

Até 1999 a imagem da capa era sempre a do icônico técnico, mas, depois disso, a fabricante, EA Sports, decidiu estampar a cada ano a fotografia de um jogador de destaque na caixa do produto. O próprio John Madden foi contra isso, mas não houve jeito. Desde então, há a crença de que o atleta homenageado passa a ser, na verdade, amaldiçoado: após sua aparição na capa do game, uma lesão se aproxima ou há uma fase de baixa performance.

Os esportistas que acabaram se machucando: Garrison Hearst, Marshall Faulk, Daunte Culpepper, Michael Vick, Ray Lewis, Donovan McNabb, Shaun Alexander, Troy Polamalu e Larry Fitzgerald.

Os jogadores que simplesmente passaram a atuar de forma irreconhecível: Dorsey Levens, Eddie George, Vince Young, Brett Favre, Peyton Hillis e Drew Brees.

A grande exceção foi o wide receiver Calvin Johnson, dos Lions. Depois de ter sido homenageado na capa do jogo de 2013 ele teve um ano fora de série – chegou mesmo a bater o recorde de jardas de recepção em uma temporada (1.964 jardas), marca que era de Jerry Rice desde 1995 (1.848 jardas).

66. Music City Miracle – uma façanha em 16 segundos

Você acredita em milagres? Os torcedores dos Titans com certeza creem no impossível. Tudo graças a um lance ocorrido nos playoffs da temporada de 1999.

O time do Tennessee enfrentava em casa a equipe dos Buffalo Bills no dia 8 de janeiro de 2000. Um jogo amarrado e muito equilibrado.

Faltando apenas 16 segundos para o fim da partida, os Bills marcaram um field goal e passaram à frente. Placar: Buffalo Bills 16 X 15 Tennessee Titans. Os torcedores dos Titans viram suas chances de continuar nos playoffs se esvaírem. Afinal, como virar o jogo em 16 segundos, saindo de seu próprio campo?

Nesse momento o sobrenatural aconteceu...

O fullback Lorenzo Neal recebeu a bola no chute de reinício. Em vez de correr com ela, entregou ao tight end Frank Wycheck.

Enquanto o time dos Bills vinha em sua direção, Wycheck surpreendeu lançando a bola lateralmente para o wide receiver Kevin Dyson, que teve caminho livre para correr o campo todo.

Touchdown milagroso e vitória dos Titans por 22 X 16.

Milagre para a torcida dos Titans, jogada polêmica para os fãs dos Bills, que reclamam até hoje que o passe teria sido para a frente – o que é proibido pelas regras nas jogadas de chute.

Com ou sem controvérsia, o lance entrou para a história da NFL com o nome "Music City Miracle" (Milagre da Cidade da Música), em referência a Nashville, a casa dos Titans.

Esse foi um dos momentos mais mágicos e controversos da história do futebol americano.

67. Kurt Warner e O Maior Show dos Gramados

O Maior Show dos Gramados é como ficou conhecido o melhor time que os Saint Louis Rams já tiveram, a equipe que atuou entre 1999 e 2001.

O apelido foi inspirado em um filme clássico de Hollywood, *The greatest show on Earth* (*O maior espetáculo da Terra*). E fazia sentido: o ataque desenhado pelo técnico Dick Vermeil e pelo coordenador ofensivo Mike Martz garantia um espetáculo a cada partida.

O time tinha craques do nível de Kurt Warner, Marshall Faulk, Isaac Bruce e Tory Holt. Eles quebraram recorde atrás de recorde – inclusive o de pontos marcados em uma temporada (540 no ano 2000) e o de jardas totais (7.335 também em 2000).

O segredo era um repertório de jogadas muito complexas, usando às vezes cinco recebedores em rotas rápidas e intrincadas. Isso sem contar com seu genial quarterback Kurt Warner, que devastou as defesas adversárias durante as três temporadas.

Warner, que fora desprezado por todos os times no draft de 1994, chegou a trabalhar como ajudante em um supermercado antes de ter uma chance na NFL.

A oportunidade veio e ele recompensou o time dos Rams por isso. No Super Bowl XXXIV, bateu um recorde histórico ao somar 414 jardas aéreas em lançamentos e conduzir o clube ao título na vitória sobre os Tennessee Titans. Esse foi o único Super Bowl na história da franquia e o primeiro título do time desde 1951.

68. Titans no Super Bowl – a uma jarda do paraíso

Literalmente: apenas uma jarda. Faltaram somente 91 centímetros para os Tennesse Titans terem a chance de vencer o Super Bowl.

Em 30 de janeiro de 2000 o time participava pela primeira e única vez da grande final da NFL. Tinha no elenco bons jogadores, como o quarterback Steve McNair e o running back Eddie George, e enfrentava os poderosos Saint Louis Rams, de Kurt Warner, Marshall Faulk e Isaac Bruce.

Faltando 22 segundos para o fim da partida, o time de Saint Louis vencia por 23 X 16. Os Titans tinham a bola e, em uma jogada espetacular do quarterback Steve McNair, a equipe do Tennessee avançou até a linha de dez jardas.

Com seis segundos no relógio veio a derradeira chance de empatar. McNair recebeu o snap e lançou uma bola certeira para o wide receiver Kevin Dyson, que corria em rota furiosa para a endzone.

Nesse momento, o linebacker Mike Jones, dos Rams, fez aquele que ficaria conhecido como "O" tackle, derrubando Dyson a uma jarda da linha de gol.

Dyson, caído, ainda tentou se esticar para colocar a bola na endzone, mas os juízes acertadamente declararam a jogada encerrada. Fim de partida. Os Rams se sagraram campeões da temporada de 1999 e aos Titans restou a frustração pela jarda perdida.

69. Jets, Dolphins e o Milagre da Segunda à Noite

Miami Dolphins e New York Jets protagonizam uma das mais acirradas rivalidades da NFL. Por isso, os torcedores do time da Flórida não gostam muito de lembrar a noite de 23 de outubro de 2000.

Naquela oportunidade, as equipes jogavam entre si com transmissão em rede nacional – o programa *Monday Night Football*. Os Jets tinham como principais jogadores o quarterback Vinny Testaverde e o running back Curtis Martin. Já os Dolphins apresentavam astros na defesa, como Jason Taylor e Zach Thomas.

Mesmo atuando fora de casa, no Giants Stadium, a equipe de Miami disparou no placar, dominado o time de Nova York por três quartos da partida.

Com os Dolphins 23 pontos à frente (30 X 7), o narrador oficial dos Jets chegou a dizer: "Ainda temos o quarto período inteiro pela frente, mas este jogo já está definido".

Ledo engano. Nos últimos 15 minutos da disputa, os Jets anotaram um field goal e quatro touchdowns. Foram 30 pontos (uma conversão de 2 pontos falhou) contra 7 do adversário, empatando a partida e levando a decisão para a prorrogação.

No tempo extra, os Jets conseguiram um field goal e, com ele, a improvável vitória. Essa grande virada ficaria conhecida como The Monday Night Miracle (O Milagre da Segunda à Noite).

E uma curiosidade: o último touchdown dos Jets foi marcado em uma jogada muito incomum, já que houve a recepção de passe do offensive tackle John "Jumbo" Elliot, que se alinhou como se fosse um tight end. Uma das raríssimas vezes em que o grandalhão de 2,02 metros e 140 quilos tocou na bola. Esse foi o único touchdown de toda a sua carreira.

70. O violento tackle que fez nascer Tom Brady

Tom Brady: quatro Super Bowls conquistados, diversos recordes na NFL, uma carreira repleta de superlativos.

Alguns o consideram o maior quarterback de todos os tempos. Mesmo quem não concorda com essa afirmação sabe que ele é a maior surpresa da história recente do futebol americano.

Sem conseguir muito destaque na University of Michigan, o californiano tímido e discreto chegou a pensar em desistir do esporte na década de 1990. Em 2000 acabou escolhido pelos Patriots na sexta rodada do draft e permaneceu um bom tempo invisível, pois ficou na reserva do titular absoluto, Drew Bledsoe.

Foi graças a um arquirrival que ele teve sua primeira chance. Em um jogo, no dia 23 de setembro de 2001, o linebacker Mo Lewis, dos New York Jets, deu um tackle tão forte em Drew Bledsoe que acabou mandando o então quarterback dos Patriots para o hospital.

A torcida da equipe de Nova York vibrou, sem saber que ali surgia a primeira chance para o reserva Tom Brady mostrar quem era.

Brady assumiu a posição e o resto é história... Nas 14 temporadas que se seguiram, os Jets amargaram 22 derrotas em 29 jogos contra os Patriots.

71. Pat Tillman – herói dos campos de jogo e de batalha

Tornar-se um astro da NFL, ganhar fortunas e ter uma vida confortável. Esse é o sonho de milhares de jovens norte-americanos. Mas um homem fez o caminho inverso. Largou tudo e se tornou herói.

Pat Tillman nasceu em 1976, na Califórnia. Desde pequeno mostrava espírito guerreiro e muita habilidade no esporte. Atuando pela Arizona State University, em 1997, chegou a ser eleito o jogador de defesa do ano da PAC 10, uma das subdivisões do futebol americano universitário que congrega times da costa oeste dos Estados Unidos, banhada pelo oceano Pacífico (hoje temos a PAC 12).

Inteligente e articulado, também era excelente nos estudos: formou-se com honras na universidade.

Recrutado pelo Arizona Cadinals em 1998, Tillman logo passou a ser ídolo da torcida por sua garra e amor à camisa.

Depois dos ataques terroristas de 11 de setembro de 2001, tomou uma decisão surpreendente. Abriu mão de um contrato de 3 milhões de dólares para se alistar no Exército. Passou a receber um salário trinta vezes menor e foi enviado ao Afeganistão como um simples soldado.

Na frente de batalha, fez duras críticas ao modo como os Estados Unidos conduziam a guerra. Em 28 de maio de 2004, foi atingido por uma rajada de tiros das próprias tropas norte-americanas.

Depois de sua trágica morte, recebeu homenagens de atletas e times da NFL. Os Cardinals aposentaram sua camisa e ergueram um monumento em frente ao Sun Devil Stadium, que se transformou em ponto de peregrinação de fãs de futebol americano de todo os Estados Unidos.

72. Tuck rule – a bizarra regra que salvou os Patriots

Ninguém pode contestar que os New England Patriots tinham um ótimo time na temporada de 2001. E todos concordam que sua vitória sobre os Oakland Raiders nos playoffs não foi lá muito justa. Não, nem todos – menos os torcedores da franquia de Bill Belichick e Tom Brady.

O fato é que, no dia 19 de janeiro de 2002, as duas equipes se enfrentaram sob uma nevasca inclemente em Foxborough.

Com menos de dois minutos para o final, os Raiders venciam por 13 X 10. Nesse ponto do jogo, o defensive back Charles Woodson forçou um fumble ao atacar Tom Brady. A bola foi recuperada por Greg Biekert, dos Raiders, na linha de 42 jardas de seu campo.

Era o golpe de morte nas pretensões do clube de New England e a vitória praticamente garantida para a franquia da Califórnia.

Exceto por um detalhe: os juízes decidiram rever a jogada e mudaram a marcação para "passe incompleto". O árbitro Walt Coleman chegou a dizer no microfone, para todo o estádio, que o braço do quarterback estava "indo para a frente".

Com isso, os Patriots continuaram a ter a posse de bola, empataram a partida com um field goal de Adam Vinatieri e, posteriormente, alcançaram a vitória na prorrogação, com outro chute entre as traves.

A polêmica então se estabeleceu: o *replay* mostrava claramente o braço de Brady indo para trás no momento em que a bola escapava, o que, pela regra, configura um fumble.

A NFL esclareceria nos dias seguintes que a marcação dos juízes estava correta, a explicação deles durante a partida é que havia sido equivocada. O xis da questão era uma regra relativamente nova, criada em 1999, chamada tuck rule.

Segundo ela, se um quarterback soltasse a bola ao puxá-la de volta ao corpo depois de emular um passe, a jogada deveria ser considerada um passe incompleto, e não fumble. Uma regra muito estranha, que nunca convenceu ninguém de sua necessidade e justiça.

Tanto é assim que em 2013 ela foi finalmente abolida – com 12 anos de atraso para os pobres torcedores dos Oakland Raiders.

73. George W. Bush e o pretzel assassino

O ex-presidente dos Estados Unidos, George W. Bush, nunca declarou abertamente seu time favorito na NFL. Mesmo assim, já foi visto várias vezes nos estádios dos Cowboys e dos Texans, os clubes do Texas, estado em que construiu sua carreira política.

No entanto, foi em uma partida entre Miami Dolphins e Baltimore Ravens, em janeiro de 2003, que ele passou o maior sufoco de sua vida. Sufoco literal, vale dizer.

Vendo o jogo pela TV em seu quarto, na Casa Branca, ele se empolgou tanto com os lances incríveis de Ray Lewis e companhia que engasgou com um pretzel – o salgadinho que os norte-americanos nunca deixam de fora de suas esbórnias esportivas.

Bush desmaiou, bateu a cabeça e por pouco não morreu. A sorte foi que seus seguranças ouviram o barulho da queda e imediatamente o acudiram.

O presidente dos Estados Unidos se salvou, mas não os Dolphins: levaram uma sova de 20 X 3 e engasgaram feio – ficaram com os Ravens entalados na garganta.

74. Long snapper – o patinho feio do futebol americano

De todas, a posição de quarterback é a mais badalada no futebol americano. Jogadores como Tom Brady ganham milhões e são reconhecidos onde quer que apareçam.

E qual será a posição menos glamorosa desse esporte? Aquela que quase ninguém sabe que existe? É a de long snapper, o atleta que inicia as jogadas de chute, fazendo o passe para trás por entre as pernas. Eles são os jogadores menos conhecidos das equipes, e também os que ganham os menores salários.

O atual long snapper dos Patriots, Danny Aiken, recebe 645 mil dólares por ano – isso representa vinte vezes menos que o salário de Tom Brady. Uma injustiça, já que o trabalho dele também exige técnica e sangue-frio.

Você acha que não? Tente lançar uma bola 15 jardas para trás, por entre as suas pernas, fazendo-a girar perfeitamente e tendo de acertá-la bem nas mãos de outro jogador.

Aliás, o destino é mesmo cruel com os long snappers. Eles só ficam conhecidos quando cometem erros – que geralmente são fatais.

A única exceção até hoje é Brian Kinchen. Em 2003, ele estava aposentado do esporte, trabalhando como professor em uma pequena escola da Louisiana, quando o técnico Bill Belichick o convidou para substituir às pressas o titular que havia se machucado.

Kinchen voou para a Nova Inglaterra e atuou de forma perfeita no restante da temporada, até mesmo fazendo o snap para o field goal da vitória dos Patriots contra os Carolina Panthers no Super Bowl XXXVIII.

Depois dessa bem-sucedida participação de Brian Kinchen no time surgiu *The Long Snapper*, escrito em parceria com o jornalista Jeffrey Marx. Publicado em 2009, o livro é uma narrativa apaixonada de sua experiência de jogar na posição mais ingrata da NFL.

75. O dia em que o futebol americano se transformou em rugby

O futebol americano surgiu na segunda metade do século XIX como uma variação do rugby. Com as sucessivas mudanças de regras, foi se distanciando do parente inglês ao longo do tempo (veja "Quando o touchdown não valia pontos", na página 18).

Mas, de vez em quando, uma jogada lembra aquele passado em comum. Foi o que aconteceu em 21 de dezembro de 2003, em uma partida entre New Orleans Saints e Jacksonville Jaguars.

Faltando sete segundos para o fim do jogo, os Saints perdiam por 20 X 13 e tinham a bola na linha de 25 jardas de seu campo.

O quarterback Aaron Brooks começou a jogada com um passe de 42 jardas para o wide receiver Donte Stallworth.

Stallworth fez a recepção e tentou avançar para a endzone. Mas, com o cronômetro zerado, percebeu a iminência de um tackle que acabaria com a jogada e significaria o fim da partida.

Nesse momento, o futebol americano se transformou em rugby.

Com três passes para o lado e para trás, os Saints prolongaram a jogada por mais 17 segundos. E, no final, o wide receiver Jerome Pathon marcou o try, ou melhor, o touchdown.

Uma cena que daria orgulho aos All Blacks, a imbatível seleção de rugby da Nova Zelândia.

Apesar de todo esse brilhante desenvolvimento, o kicker John Carney errou o extra point e os Saints perderam a partida por um ponto.

76. Sam Mills – o improvável linebacker dos Panthers

Em sua curta história de duas décadas, os Carolina Panthers viram surgir alguns heróis, reverenciados pela torcida.

Astros como Steve Smith, um dos maiores wide receivers da década de 2000, ou Jake Delhomme, o quarterback que levou o time a disputar o Super Bowl XXXVIII. E ainda John Kasay, o kicker recordista de pontos da equipe.

Até hoje, Sam Mills, um linebacker baixinho, mas incrivelmente poderoso, é o ídolo da torcida lembrado em cada jogo dos Panthers.

Nascido em uma família pobre de Nova Jersey, tinha nove irmãos e, a muito custo, conseguiu uma bolsa de estudos para a desconhecida Montclair State University, da terceira divisão do College Football. Um jogador improvável.

Ao se formar, foi jogar na USFL, a liga rival da NFL na década de 1980. Logo foi contratado pelo New Orleans Saints. Ganhou os olhos do país com seu jogo intenso, cuja motivação era a grande arma.

Em 1995 foi para os Panthers e teve os melhores anos de sua carreira, tornando-se ídolo da torcida. Mills cunhou o grito de guerra "Keep pounding!" (algo como "Siga batendo!").

A frase passou a ser um mantra e hoje aparece na saída do vestiário do time e também no colarinho da camisa de cada jogador.

Por falar em camisa, a sua, de número 51, é a única que o clube já aposentou.

Mills morreu de câncer aos 45 anos, em 2005. Além de estar imortalizado em uma estátua de bronze na entrada do estádio do Panthers, permanece no coração de todos os fãs da Carolina do Norte.

77. Os Eagles e a incrível jogada na quarta descida

Green Bay Packers e Philadelphia Eagles podem não ser grandes rivais, mas quem vai fundo na história descobre coisas interessantes nos jogos entre esses times.

A começar da longevidade: a primeira partida entre ambos aconteceu em 1933. Vale lembrar que apenas sete dos atuais 32 times da NFL existiam nessa época.

Os dois grandes momentos vieram bem depois. O primeiro deles foi a final da NFL de 1960, vencida pelos Eagles por 17 X 13. A única derrota em playoffs de toda a vida do técnico Vince Lombardi.

Em 11 de janeiro de 2004 aconteceria o lance mais inesperado de todos os confrontos entre essas duas equipes – uma jogada que entrou para o folclore da liga.

Packers e Eagles se enfrentavam na Filadélfia em busca de uma vaga na final. Uma partida dramática. Green Bay disparou na frente, fazendo 14 X 0, graças ao incrível braço de seu quarterback Brett Favre.

Os Eagles reagiram e, faltando apenas um minuto e 12 segundos para o final do jogo, perdiam por 3 pontos.

A equipe da Filadélfia tinha a posse de bola, mas em uma situação desesperadora. Estava no seu campo de defesa, na quarta descida, precisando de 26 jardas para converter o primeiro down e manter-se viva no jogo. Era isso ou ver a temporada ir por água abaixo.

Nesse instante, o quarterback Donovan McNabb e o wide receiver Freddie Mitchell tiveram um momento iluminado. Com muita paciência, McNabb esperou a rota cruzada de Mitchell pelo meio do campo, que percorria exatamente as 26 jardas necessárias, e então disparou um passe milimétrico para ele, em meio a vários adversários.

Recepção feita e a primeira descida conquistada milagrosamente, por uma questão de centímetros. O time conseguiu um field goal pouco depois, empatando a partida a cinco segundos do final.

Na prorrogação, ainda embalados pela incrível jogada naquela quarta descida, os Eagles dominaram os Packers e venceram o jogo – para tristeza dos Cabeças de Queijo[1] e empolgação dos fãs dos Philadelphia Eagles.

---

1 Cabeças de Queijo (Cheeseheads): os Packers foram assim "insultados" em 1987, em razão da grande produção de queijo no estado de Wisconsin, mas anos depois aproveitaram a ideia e criaram chapéus em formato de queijo usados nas partidas do time. (N.E.)

78. Pescoço para um lado, joelho para o outro

Pittsburgh Steellers e Cincinnati Bengals protagonizam uma rivalidade cheia de momentos dramáticos. Ganharam fama as jogadas incrivelmente duras registradas nas quatro décadas de confrontos.

Em 1983, o defensor Keith Gary, dos Steelers, cometeu aquela que seria considerada a pior falta de facemask da história da NFL. Ao puxar a grade do capacete do quarterback Ken Anderson, dos Bengals, fez a cabeça do adversário girar para trás.

A foto do lance impressiona, a ponto de um narrador brasileiro descrever espirituosamente Anderson como um "curupira" do futebol americano. O quarterback saiu de campo direto para o hospital, com uma séria entorse no pescoço – felizmente, sem sequelas.

Em 2005, outro lance polêmico. Logo no começo da única partida de playoffs já disputada entre as duas equipes, o nose tackle Kimo von Oelhoffen atingiu duramente o joelho de Carson Palmer, dos Bengals.

Palmer rompeu os ligamentos e o time de Cincinnati, sem sua grande estrela, perdeu o jogo para os Steelers, que acabariam por levar a taça do Super Bowl naquele ano.

O incidente foi tão comentado que ocasionou mudança nas regras, e passou a ser proibido o ataque aos joelhos dos quarterbakcs. A regra ganhou informalmente o nome de Kimo von Oelhoffen Rule.

79. O touchdown que venceu um furacão

Vinte e nove de agosto de 2005. O quinto furacão mais mortal de toda a história dos Estados Unidos atingiu o estado da Louisiana de forma impiedosa. Seu nome: Katrina.

Os diques que protegiam a cidade de Nova Orleans entraram em colapso: em menos de oito horas 80% da metrópole se viu alagada. O Superdome, estádio dos New Orleans Saints, também sofreu – parte da cobertura foi levada pela ventania –, e quase tudo que estava no nível do chão foi arrasado pelas águas.

O estádio se tornou a moradia de quem perdeu tudo. Não bastassem os mortos e desabrigados, a cidade viu partir um de seus mais amados símbolos. Os Saints foram obrigados a deixar Nova Orleans por tempo indeterminado.

Vinte e cinco de setembro de 2006. Treze meses depois da tragédia, o povo de Nova Orleans mostra sua capacidade de dar a volta por cima. O Superdome, reformado e lotado com 70 mil pessoas, volta a ser casa dos Saints.

Bandas de rock como Green Day e U2 fizeram a abertura. Logo no começo da partida, um lance que seria a redenção de toda uma cidade. Steve Gleason bloqueia um punt dos Atlanta Falcons, a bola voa para a endzone e Curtis Deloatch a recupera. Touchdown para os New Orleans Saints!

Os Saints venceram seus rivais por 23 X 3, e o lance de Gleason e Deloatch foi imortalizado com um monumento na entrada do estádio. A alegria, marca registrada dos habitantes da Louisiana, voltou ao lugar de onde nunca deveria ter saído.

80. Spygate – o escândalo da espionagem

Na tarde aparentemente normal de 9 de setembro de 2007, New England Patriots e New York Jets se enfrentaram no Giants Stadium pela primeira rodada do campeonato daquele ano. Os Patriots venceram com facilidade: 38 X 14.

O fato que gerou um terremoto na NFL aconteceu no dia seguinte: o técnico dos Jets, Eric Mangini, acusou formalmente os Patriots de espionarem o coordenador de defesa do time de Nova York com câmeras na sideline – artifício proibido pelo regulamento.

A intenção da trapaça seria identificar os sinais que o assistente dava aos jogadores e, assim, antecipar as ações da defesa adversária.

A denúncia ganhou ainda mais credibilidade por um simples fato: o próprio Mangini havia trabalhado nos Patriots até bem pouco tempo antes e, portanto, conhecia a fundo os métodos do técnico de New England.

A NFL investigou o caso e aplicou uma severa punição à franquia da Nova Inglaterra: perda da escolha na primeira rodada do draft de 2008, além de multa de 250 mil dólares para o clube e de 500 mil dólares para o treinador Bill Belichick.

Mas isso não encerrou o caso. Até hoje há suspeita de que os Patriots tenham se utilizado desse recurso ilegal em várias outras ocasiões, inclusive no Super Bowl.

Um número, porém, trabalha a favor do time da Nova Inglaterra: durante os anos em que, supostamente, a espionagem aconteceu, o clube venceu 69,3% de suas partidas. Depois da descoberta e da punição, a média de vitórias aumentou, atingindo 76%.

81. The Helmet Catch – o lance mágico do Super Bowl XLII

Quando entrou em campo, faltando um minuto e 15 segundos para o fim do Super Bowl XLII, o wide receiver David Tyree era um ilustre desconhecido – inclusive para os torcedores de seu time, os New York Giants.

Durante os 16 jogos da temporada regular de 2007 ele havia encostado na bola apenas quatro vezes, mas o destino faria com que seu nome se eternizasse na galeria dos grandes protagonistas da final da NFL.

Com os Patriots na frente, vencendo por 14 X 10, os Giants se viam em uma situação desesperadora. Terceira descida para cinco jardas, ainda no próprio campo, com o cronômetro se esvaindo.

O quarterback Eli Manning recebeu o snap e foi imediatamente atacado por diversos defensores do time da Nova Inglaterra. Dois deles, Richard Seymour e Jarvis Green, chegaram a agarrá-lo, respectivamente, pelo ombro e pela camisa.

Manning, no entanto, livrou-se milagrosamente do sack e disparou um passe longo para David Tyree.

Tyree estava bem marcado pelo safety veterano Rodney Harrison. E aí o segundo milagre da jogada teve lugar. Mesmo com um dos braços preso pelo adversário, o desconhecido wide receiver conseguiu a recepção com a outra mão, apoiando a bola em seu capacete.

Primeira descida conquistada na linha de 24 jardas do campo dos Patriots. Quatro jogadas depois, os Giants marcariam um touchdown, selando a sorte da partida e a conquista de seu terceiro Super Bowl. Detalhe: os Patriots tinham vencido absolutamente todos os jogos no campeonato até então.

David Tyree não aproveitou muito a sua fama. Uma contusão no joelho o fez perder a temporada seguinte e, em 2009, seu último ano na NFL, teve uma passagem apagada pelo Baltimore Ravens.

Mas o Helmet Catch (Recepção do Capacete) celebrizou-se como uma das mais improváveis jogadas no esporte, descrita pelo jornalista norte-americano Steve Sabol, fundador da NFL Films, como "o lance que desafiou a lógica, a história, as leis da Física e tudo o mais que se sabe sobre o futebol americano".

82. Escalação póstuma no Pro Bowl

O jogo das estrelas do futebol americano foi criado em 1938, mas somente em 1950 ganhou o nome de Pro Bowl.

Muito criticado nos últimos anos pela falta de empenho dos atletas, devido ao medo das contusões, a partida alterna bons e maus momentos. Mesmo assim, não deixa de ter seus recordes e números interessantes.

Os jogadores que mais vezes foram eleitos para essa partida festiva são Peyton Manning, Tony Gonzales, Bruce Matthews e Merlin Olsen – todos eles com 14 aparições (até abril de 2015).

O atleta que mais touchdowns marcou em Pro Bowls é o wide receiver Larry Fitzgerald, dos Cardinals, com quatro anotações.

Quanto aos placares, o recorde em uma partida aconteceu em 2013, com o time da NFC marcando 62 pontos.

Do lado dos defensores, Deion Sanders e Champ Bailey registraram quatro interceptações cada um ao longo do tempo.

O momento mais emocionante de todos os Pro Bowls aconteceu em 10 de fevereiro de 2008 – a única vez em que um jogador foi postumamente eleito para a partida. O safety Sean Taylor, dos Washington Redskins, havia morrido dois meses antes durante um assalto em sua casa, na Flórida.

Taylor foi incluído no elenco da NFC que, na sua primeira jogada defensiva, entrou com apenas dez jogadores no gramado – uma bonita forma de homenagear o colega falecido.

83. Uma fratura e um troféu inusitado

Líder em jardas terrestres no ano de 2013, duas vezes eleito para o Pro Bowl e recordista de touchdowns de corrida dos Philadelphia Eagles em uma temporada. Este é LeSean McCoy, o running back risonho e simpático, adorado por colegas e torcedores.

O que nem todos sabem é como um grande azar quase acabou com a carreira de McCoy antes mesmo de ela começar.

Nascido em 1988, em uma família de classe média de Harrisburg, na Pensilvânia, sonhava em ser um astro da NFL desde pequeno. Logo se tornou uma estrela no time da Bishop McDevitt High School e assim permaneceu até... o fatídico dia 25 de setembro de 2005.

Em uma de suas últimas partidas pela escola, já cobiçado por grandes universidades, teve uma fratura múltipla no tornozelo e enfrentou a perspectiva de nunca mais poder jogar.

LeSean McCoy não desistiu. Transferiu-se para outra escola, para ter tempo de se recuperar antes que as universidades o descartassem de vez.

Com uma incrível força de vontade, passou por cima de dores e limitações de movimentos do tornozelo fraturado. Voltou a ser grande.

Foi recrutado pela University of Pittsburgh em 2007 e, daí para a frente, fez história, quebrando recordes e mais recordes.

No dia 25 de abril de 2009 colocou um ponto-final na dramática história iniciada quatro anos antes: na segunda rodada do draft da NFL foi escolhido pelos Eagles.

Até hoje McCoy chora quando se lembra do seu drama. Em 2012, ganhou de seu ex-técnico um inusitado troféu: a chuteira que usava no dia da fratura, sete anos antes, ainda com o cadarço cortado pelos paramédicos.

84. Cardinals, Packers e o recorde de pontos em playoffs

Os Cardinals podem não ter grande tradição nos playoffs da NFL, mas foi em uma partida da equipe do Arizona que se registrou o maior número de pontos da história da pós-temporada.

Em 10 de janeiro de 2010, o time enfrentava os Green Bay Packers pela rodada de wild card. Eram dois ataques poderosos.

De um lado, Kurt Warner, um dos melhores quarterbacks, e com ele o wide receiver Larry Fitzgerald, outra estrela do futebol americano atual.

Do outro lado, os promissores Aaron Rodgers e Jordy Nelson, além do veterano Donald Driver e do explosivo Greg Jennings.

Ao longo da partida, os times revezaram a liderança no placar com um festival de jogadas espetaculares dos dois ataques. Foram nada menos que 12 touchdowns e dois field goals no tempo regulamentar – média de pontuação a cada quatro minutos. O jogo manteve o equilíbrio e terminou empatado por 45 X 45. Foi para a prorrogação.

Por fim, a partida foi decidida não por um atacante, mas sim por dois defensores. O cornerback Mike Adams forçou um fumble de Aaron Rodgers e a bola foi recuperada pelo linebacker Karlos Dansby, que correu para marcar o touchdown da vitória para os Cardinals.

85. Um brasileiro quase desfalcou os Saints no Super Bowl

O ano de 2010. Em 2 de fevereiro, Indianapolis Colts e New Orleans Saints preenchiam o saguão social do Sun Life Stadium, em Miami, para o Media Day – evento que reúne cerca de mil repórteres do mundo para conversar com os jogadores que disputam o Super Bowl.

Naquela ocasião, um comentarista brasileiro, em sua primeira cobertura de Super Bowl *in loco*, vagava ansiosamente pelo salão, tentando gravar entrevistas com o maior número de atletas possível.

Ao ser alertado pelo cinegrafista da equipe que o quarterback Drew Brees havia acabado de chegar ao recinto, virou-se atabalhoadamente e... desastre! O jornalista tupiniquim pisou fortemente no pé direito do wide receiver Lance Moore, que passava por ali.

Foi um encontro desproporcional: o mirrado Moore, de 86 quilos, e o entrevistador rechonchudo, com os seus 110 quilos. O wide receiver gritou um "Wooow!", olhou feio e saiu mancando para fora do salão. Felizmente para os Saints – e para a consciência do jornalista – a contusão não foi feia o bastante para tirar Lance Moore da grande final, ainda que ele tenha sido acionado apenas três vezes durante a vitória do clube de Nova Orleans por 31 X 17.

Quanto ao brasileiro, não se sabe ao certo sua identidade. Reza a lenda que ele é, hoje, comentarista dos canais ESPN e autor de um livro de curiosidades sobre futebol americano.

86. O (segundo) Milagre de Meadowlands

Alguns torcedores católicos dos Philadelphia Eagles já fizeram a piada: "O papa deveria sempre vir ao estádio dos Giants quando jogamos contra eles: é um milagre após o outro!".

Descontado o exagero, há um fundinho de verdade, já que por duas vezes acontecimentos "sobrenaturais" ajudaram os Eagles a vencer o time nova-iorquino. Um deles você pode conhecer em "O (primeiro) Milagre de Meadowlands", na página 73.

A segunda ocasião foi em 19 de dezembro de 2010, dia em que os dois times brigavam por uma vaga nos playoffs. Os Giants venciam a partida por 31 X 10, faltando apenas oito minutos para o final.

Em uma reação improvável, os Eagles marcaram três touchdowns em sete minutos e empataram a disputa em 31 X 31.

A 14 segundos do término do tempo regulamentar, todos já pensavam na prorrogação. Os Eagles, porém, ainda tinham uma chance de ataque – que deveria começar bem longe de seu objetivo, depois de um chute de devolução dos Giants.

O punter de Nova York, Matt Dodge, foi instruído a mandar a bola para fora de campo, de forma a impedir um retorno de chute do perigoso DeSean Jackson.

Mas logo no snap as coisas começaram a dar errado. A bola veio alta demais, o que fez Dodge perder a concentração e se atrapalhar no chute. O tiro saiu reto, bem nas mãos de DeSean Jackson.

E aí mais uma ironia do destino: Jackson não conseguiu segurar a bola de primeira, deixando-a escapar. O que normalmente seria um erro capaz de impedir o retorno, naquela situação favoreceu os Eagles.

O pequeno atraso levou o time de especialistas dos Giants a se acumular em bloco na frente do retornador. Bastou a ele descobrir uma pequena passagem para, de forma rápida e mortal, deixar todos os adversários para trás e encontrar caminho livre para a endzone. Touchdown.

Placar final: Eagles 38 X 31 Giants.

Milagrosamente os Eagles venceram, com quatro touchdowns em oito minutos. O time da Filadélfia se classificou para os playoffs daquela temporada. Já o punter Matt Dodge foi demitido pelos Giants antes da temporada seguinte. E nunca mais jogou uma partida oficial de futebol americano.

87. Na NFL há pancadas para todos!

O futebol americano é um esporte muito duro. Inclusive para quem não está jogando. Não são raras as cenas de jogadores saindo de campo com a força de um rolo compressor e passando por cima de quem estiver pela frente.

Muitas vezes sobra até para as *cheerleaders*, que são atropeladas por grandalhões com o dobro do seu peso. Basta uma busca no YouTube e você encontrará dezenas de "videocassetadas" desse gênero.

Os jornalistas esportivos também não escapam de alguns pequenos acidentes de trabalho. Em outubro de 2012, antes do início de um jogo entre Packers e Texans, o repórter Ian Rapoport, da NFL Network, fazia uma aparição ao vivo quando uma bola perdida o atingiu bem na têmpora. Profissionalíssimo, ele manteve a compostura, riu da situação e terminou a reportagem.

Menos sorte teve a repórter Pam Oliver, da Fox. Atingida no rosto por uma bola antes de uma partida entre Colts e Giants em 2013, ela sofreu uma concussão, teve de fazer exames em um hospital de Manhattan e ficou cinco dias em repouso.

Mas ninguém sofre tanto nos gramados quanto os juízes e seus ajudantes. Em 2010, em partida dos Saints contra os Browns, Al Nastasi, o homem que segurava o marcador de primeira descida, levou uma pancada tão forte de Courtney Roby, retornador dos Saints, que foi parar na UTI. Passou quase uma semana no hospital, com um severo trauma na cabeça e suspeita de danos na coluna, mas se recuperou totalmente.

Um detalhe: os 121 juízes da NFL estão longe de ganhar a fortuna que os atletas recebem. O salário deles é de 13 mil dólares por mês – apenas para comparação, isso representa sessenta vezes menos que o do quarterback Tom Brady.

88. Vinte e quatro – o número da besta

B*east mode*. O termo surgiu nos videogames e séries de animação para designar o momento em que um personagem fica endiabrado, com força sobre-humana.

Mas foi no futebol americano que essa expressão encontrou seu melhor uso. Esse é o apelido de Marshawn Lynch, o imprevisível running back número 24 dos Seattle Seahawks.

Lynch nasceu em 1986, em um bairro pobre de Oakland. O garoto tímido, que mal conheceu o pai, tinha no sangue o DNA do futebol americano: seu tio, Lorenzo Lynch, foi cornerback dos Bears, dos Cardinals e dos Raiders.

Teve uma carreira de destaque na University of California, em Berkeley, e acabou recrutado na primeira rodada do draft de 2007 pelo time dos Buffalo Bills. Em 2010, transferiu-se para os Seattle Seahawks.

Ganhou o apelido Beast Mode por suas arrancadas que eram impossíveis de serem detidas.

Coleciona estatísticas notáveis e também algumas esquisitices, como o hábito de comer balinhas da marca Skittles a cada touchdown que marca – essa mania foi criada por sua mãe, que dava os doces ao pequeno Marshawn dizendo que eram "pílulas de força".

Odeia dar entrevistas e adora usar *grills* – espécie de aparelho dentário decorativo. Até abril de 2015, era o segundo melhor running back da história dos Seahawks no quesito jardas por partida e número de touchdowns. Foi eleito cinco vezes para o Pro Bowl – o jogo das estrelas.

E uma curiosidade: ele é também o único atleta a ter um abalo sísmico batizado com seu nome (confira "O terremoto de Marshawn Lynch", a seguir).

89. O terremoto de Marshawn Lynch

Era 8 de janeiro de 2011. Uma tarde normal nos laboratórios do centro de pesquisas de terremotos Pacific Northwest, em Seattle. De repente, os sensores disparam! Houve um abalo sísmico em plena metrópole. Bem pequeno, é verdade, mas suficientemente intenso para atiçar a curiosidade dos cientistas.

Epicentro do terremoto: o estádio dos Seahawks. Causa do abalo sísmico: o running back Marshawn Lynch.

Naquela tarde, o time de Seattle enfrentava os New Orleans Saints pelos playoffs da temporada de 2010. Com menos de quatro minutos para o fim da partida, Lynch recebeu a bola e disparou por quase setenta jardas – quebrando vários tackles pelo caminho –, para marcar um dos mais impressionantes touchdowns da história dos Seahawks.

A vibração da torcida durante os 16 segundos da jogada foi tão grande que pôde ser captada pelos sismógrafos instalados pela cidade.

E pobre do cornerback Tracy Porter: a paulada que ele levou de Lynch durante a jogada foi o ápice do pequeno terremoto de quase dois graus na escala Richter.

A equipe do sismologista John Vidale apelidou aquele fenômeno de Beast Quake (Terremoto da Besta), em referência ao apelido de Marshawn Lynch: o Beast Mode.

A partir de então, Vidale e seus comandados passaram a monitorar todos os jogos dos Seahawks.

90. Butt Fumble – a tragicômica jogada de Mark Sanchez

Lances engraçados ou tragicômicos permeiam a história da NFL. Fatos como a bizarra tentativa de passe do kicker Garo Yepremiam (veja "Os mais famosos erros no Super Bowl", na página 90) ou o dia em o quarterback Gus Frerotte, dos Redskins, comemorou um touchdown dando uma cabeçada em uma parede – e em seguida foi levado para o hospital por isso.

Mas nada supera o Butt Fumble, protagonizado por Mark Sanchez, ex-quarterback dos New York Jets.

No dia 22 de novembro de 2012, os Jets enfrentavam o arquirrival Patriots na Nova Inglaterra. Os Jets começaram mal, cometendo um erro atrás do outro.

Com o time perdendo por 14 X 0, na metade do segundo período Sanchez alinhou-se para iniciar uma jogada terrestre. Bastava receber a bola, virar-se para a direita e entregá-la ao fullback Lex Hilliard.

Atordoado com a surra que o time levava, o quarterback enganou-se e virou para o lado errado, e ali não havia ninguém para receber a bola. Recuou algumas jardas e, ao perceber o erro, tentou ele próprio correr para a frente, em busca de algum avanço.

Novamente, Sanchez se enganou. Em vez de contornar a massa de jogadores adiante, ele decidiu ir exatamente em direção a ela. Chocou-se violentamente contra as nádegas (*butt*) do companheiro de time Brandon Moore e soltou a bola. Um fumble dos mais engraçados de toda a história do futebol americano.

Steve Gregory, dos Patriots, recuperou a oval e correu livremente para marcar aquele que se tornaria o touchdown mais vergonhoso já cedido pelos New York Jets.

O Butt Fumble se tornou meme na internet. Além disso, foi exibido durante quarenta semanas seguidas no quadro "O pior do pior" da ESPN norte-americana, em que os telespectadores votam na jogada mais desastrada. Na verdade, ele só saiu dessa lista porque a própria ESPN decidiu categorizar o lance como *hors concours* e, portanto, eternamente acima de qualquer votação.

91. A mística da camisa 12

Na NFL, os quarterbacks podem escolher qualquer número entre 1 e 19, mas o 12 é aquele que parece transformar atletas comuns em estrelas.

Alguns dos maiores quarterbacks eram camisa 12: Joe Namath, o *playboy* que levou os New York Jets a seu único título até hoje; Bob Griese, líder dos Dolphins na conquista de dois Super Bowls – um deles em uma temporada invicta; Roger Staubach, duas vezes campeão com os Dallas Cowboys na década de 1970; Terry Bradshaw, o carismático quarterback em quatro títulos dos Steelers.

A lista é grande. Daria para falar ainda de Ken Stabler, dos Raiders, Jim Kelly, dos Buffalo Bills, e, mais recentemente, Aaron Rodgers, dos Green Bay Packers, e Andrew Luck, dos Indianapolis Colts.

Mas o camisa 12 mais proeminente da atualidade é Tom Brady, dos Patriots. Ele já conquistou quatro Super Bowls, foi dez vezes eleito para o Pro Bowl e detém um sem-número de recordes.

92. Ataque ou defesa – o que é mais importante?

Ataques vencem jogos, defesas ganham campeonatos... O ditado existe há bom tempo no futebol americano e se popularizou nos últimos anos graças a times como Seattle Seahawks e Pittsburgh Steelers.

O inventor dessa frase foi o técnico de College Football Bear Bryant, que dirigiu o time da University of Alabama de 1957 a

1983. Na verdade, suas reais palavras foram estas: "O ataque vende ingressos, e a defesa ganha os campeonatos".

Mas será que isso é mesmo verdade na NFL? Os números mostram que não. Um estudo feito na University of Chicago revelou que, do ponto de vista estatístico, ataque e defesa tiveram praticamente o mesmo peso nas conquistas do Super Bowl desde que ele foi criado, no final da década de 1960.

A pesquisa foi publicada em 2011 no livro de Moskowitz e Wertheim, cuja tradução livre do título seria mais ou menos esta: "As influências ocultas por trás de como os esportes são jogados e como os jogos são vencidos".

Entre 2005 e 2014, por cinco vezes o time vencedor do Super Bowl tinha uma defesa mais bem posicionada nos rankings que seu ataque. E também por cinco vezes aconteceu o contrário.

Claro que as conclusões podem mudar, dependendo da estatística que se tome por base, mas o que importa mesmo é que a grande final seja um show em campo, do ataque ou da defesa.

93. Tinha um técnico no meio do caminho

Em menos de duas décadas de confrontos, Pittsburgh Steelers e Baltimore Ravens deram origem a uma das mais intensas rivalidades do futebol americano. De 2002 a 2014, apenas três vezes o vencedor da divisão Norte da AFC não foi uma dessas duas equipes.

Alguns jogos entraram para a história graças a lances, digamos, não lá muito ortodoxos. Exemplo disso aconteceu em 8 de novembro de 2013: o técnico Mike Tomlin, dos Steelers, não resistiu e, no calor da partida, tentou ajudar seu time de um modo não previsto nas regras.

Em um retorno de chute, o jogador Jacoby Jones, dos Ravens, corria livremente perto da linha lateral quando deu de cara com o treinador adversário, andando despreocupadamente por ali, dentro de campo. Jones acabou perdendo o ritmo e foi derrubado pelo cornerback Cortez Allen.

Os juízes bobearam e não marcaram nada – pela regra, poderiam até ter dado um touchdown para os Ravens, devido à interferência marota do treinador adversário.

Por outro lado, a NFL não deixou barato. Depois da partida Tomlin levou uma multa de 100 mil dólares. Boa soma desembolsada e jogada frustrada, pois sua trapaça não surtiu efeito os Pittsburgh Steelers perderam para os Baltimore Ravens por 22 X 20.

94. Denver – onde se joga nas alturas

Colorado é o estado das Montanhas Rochosas, das estações de esqui e... dos Denver Broncos. Não bastasse a genialidade de craques como John Elway e Peyton Manning, a equipe sempre contou com uma vantagem sobre os adversários: o "efeito Mile High".

Esse era o nome do antigo estádio dos Broncos, demolido em 2002. Mantido no atual estádio, o Sports Authority Field at Mile High, ao pé da letra Mile High quer dizer "uma milha de altitude", ou seja, 1.600 metros acima do nível do mar. Um número que faz muita diferença para quem não está acostumado.

A essa altitude, há menos 17% de oxigênio na atmosfera. A bola encontra menos resistência no ar. Assim, os chutes de kickoff e punt costumam ir de três a quatro jardas mais longe. Em dezembro de 2013, foi ali que o kicker Matt Prater conseguiu o marcar o field goal mais longo já registrado: 64 jardas.

Mas é nos atletas adversários que os efeitos são mais evidentes. Os times que enfrentam os Broncos são obrigados a levar máscaras de oxigênio para o campo.

Em 2007, o safety Ryan Clark, então no Pittsburgh Steelers, precisou ser hospitalizado depois de uma partida. Portador de anemia falciforme, uma rara doença do sangue, ele foi aconselhado pelos médicos a nunca mais voltar à cidade.

Os Broncos usam a altitude a seu favor até mesmo no campo psicológico. Instalaram placas nos vestiários do time visitante mostrando a altura do lugar em pés, para assustá-los. E fazem o mesmo no placar.

Se a estratégia dá certo? É impossível dizer com certeza, mas os números sugerem algo: nos últimos 25 anos, o clube venceu quase 70% dos jogos que disputou em casa.

95. Bill Belichick – gênio ou vilão?

Ele é possivelmente o mais controverso personagem da história do futebol americano. Nos seus mais de vinte anos de NFL, Bill Belichick acumulou recordes, triunfos e também histórias nada edificantes.

Para alguns, esse descendente de croatas nascido em Nashville, no Tennessee, é um "gênio". O único técnico em atividade com quatro títulos do Super Bowl, recordista em vitórias dentre os técnicos em atividade em 2014, e aquele que mais vezes foi aos playoffs.

Nada menos que sete assistentes dele se tornaram técnicos de equipes da NFL ao longo das duas últimas décadas. Outros sete ocuparam o cargo de treinadores em universidades da divisão principal do College Football.

Sem falar em Tom Brady, o quarterback que ele revelou para o mundo.

Para muitas pessoas, porém, ele não passa de um trapaceiro (veja "Spygate – o escândalo da espionagem", na página 116).

É uma pessoa difícil e não se dá bem nem com seus pares: é o único treinador que se recusa a fazer parte da associação de técnicos da NFL.

Ver um sorriso em sua face é coisa rara. Mas, ainda assim, é adorado por seus comandados, pela torcida dos Patriots e até por algumas celebridades que nada têm a ver com o time de Boston.

É o caso do roqueiro Bon Jovi, natural de Nova Jersey (onde ficam as sedes dos Giants e dos Jets), que fez uma canção em sua homenagem. É a música *Bounce*, do álbum de mesmo nome, lançado em 2002.

96. Manning e Luck – o sucesso como herança

Poucas vezes na história da NFL um grande quarterback foi substituído por outro do mesmo nível. Um desses raros golpes de sorte aconteceu com os San Francisco 49ers, que trocaram o astro Joe Montana pelo excelente Steve Young.

Isso também aconteceu com os Green Bay Packers, que substituíram o ídolo Brett Favre pelo magistral Aaron Rodgers.

Mais raro ainda é substituto e substituído se enfrentarem em jogos importantes, ambos em grande fase. Esse é um privilégio que os fãs da NFL passaram a ter desde 2012 ao ver jogos entre Indianapolis Colts e Denver Broncos.

De um lado, Peyton Manning, beirando os quarenta anos, um dos melhores jogadores da University of Tennessee e primeira escolha do draft de 1998. Depois de 13 temporadas nos Colts ele foi para os Broncos, time em que também deu muitas alegrias à torcida.

Do outro lado, Andrew Luck, jovem astro da Stanford University e também primeira escolha no draft de 2012. Ele é o atual líder dos Colts.

O veterano Manning acumulou recordes e mais recordes em suas primeiras 16 temporadas disputadas, como o de maior número de passes para touchdown em toda a história da liga: foram computados 530 touchdowns até o final da temporada de 2014.

Andrew Luck, por sua vez, conseguiu em apenas três anos atingir marcas impressionantes, como o recorde da NFL em jardas de passe somadas por um novato: 4.374 jardas no ano de 2012.

Além dos números, outro ponto em comum: o estilo elegante e cerebral de jogar. Passado e futuro unidos em um espetáculo no presente.

97. Na piscina, vendo o jogo lá embaixo...

A cidade de Jacksonville, na Flórida, pode não ter um time de futebol americano lá muito bom, mas, em compensação, o seu estádio...

Construído em 1995 e totalmente renovado em 2014, o Everbank Field é a casa dos Jaguars – e também um dos mais espetaculares estádios do mundo. Com capacidade para 77 mil torcedores, tem o maior telão de LED do planeta. São nada menos que 110 metros de comprimento, com imagens em altíssima definição.

E os camarotes? Nada daqueles ambientes envidraçados, com cara de sala de reunião empresarial. Na tropical Jacksonville, o estádio comporta 16 enormes quiosques ao ar livre, todos com as próprias piscinas.

Sim, o torcedor pode assistir à partida de dentro d'água.

Sem contar a tirolesa que cruza o campo e a parte de trás das arquibancadas, com sua enorme área de alimentação que lembra um shopping center.

Graças a isso, o Everbank Field sedia muito mais que jogos da NFL. Ele é um dos principais campos da seleção norte-americana de futebol (o da bola redonda) e ainda palco de eventos que vão dos shows de rock às apresentações de monster trucks, aquelas caminhonetes gigantes feitas especialmente para competições.

Um estádio de primeira linha, para um time que... bem, precisa melhorar um pouquinho.

---

98. O 12º jogador de Seattle

Se você acompanha a NFL há algum tempo, já deve ter ouvido falar que um time "aposentou" a camisa de um ex-atleta. Esse costume bem norte-americano significa imortalizar um grande jogador da história do clube impedindo que seu número seja usado no futuro.

As cerimônias de aposentadoria de camisas acontecem durante os jogos, com direito a discurso, festa e a imagem da camisa sendo alçada a uma galeria no alto das arquibancadas.

Várias curiosidades surgiram dessa prática. Existem times que nunca aposentaram uma camisa, como Ravens, Texans, Jaguars, Cowboys e Raiders.

Outros já aposentaram tantas que está ficando difícil arrumar número para quem joga na equipe... Os Bears, por exemplo, tem 14 números retirados.

Mas o caso mais curioso é o dos Seattle Seahawks. O time já aposentou quatro camisas: a 71, do offensive tackle Walter Jones; a de número 80, do wide receiver Steven Largent; a 96, do defensive tackle Cortez Kennedy, e a de número 12, da torcida.

Os fãs que todos os jogos lotam o CenturyLink Field são conhecidos como "décimo segundo homem" e ganharam essa homenagem do time em 1984.

Não é de admirar: os torcedores dos Seahawks conseguem elevar o som das arquibancadas para mais de 137 decibéis, marca que durante bom tempo foi o recorde mundial de barulho em um estádio.

99. A pior jogada de todos os tempos no Super Bowl

No dia 1º de fevereiro de 2014, Patriots e Seahawks disputavam o Super Bowl no University of Phoenix Stadium, em Glendale, Arizona. Os Patriots venciam por 28 X 24, com apenas 26 segundos para o final.

Mas os Seahawks tinham a bola na marca de uma jarda de campo adversário, no segundo down, e estavam prestes a marcar o touchdown que viraria o placar e lhes daria o título.

Todos – torcedores, jornalistas e jogadores – esperavam que a jogada fosse executada pelo running back Marshawn Lynch, a melhor arma ofensiva do clube de Seattle.

Lynch fora o líder da liga em touchdowns terrestres no campeonato e, durante a partida, havia conseguido avançar pelo menos uma jarda em 22 das 24 vezes em que teve a posse de bola.

O coordenador ofensivo Darrell Bevell, porém, ordenou uma estratégia diferente, com a anuência do técnico Pete Carroll. Instruiu o quarterback Russell Wilson a fazer um passe curto para o wide receiver Ricardo Lockette, no lado direito, próximo à endzone.

O resultado foi uma interceptação por parte do cornerback novato Malcolm Butler, dos Patriots, que adivinhou a jogada e se antecipou o suficiente para roubar a bola.

Isso selou a vitória para a franquia da Nova Inglaterra – sua quarta conquista do Super Bowl.

A estratégia malsucedida de Bevell e Carroll ficou informalmente conhecida como "O maior erro na história do Super Bowl".

100. O Brasil na NFL – quem, como e onde

Em 2014, o paulista Cairo Santos se tornou o primeiro brasileiro na história a jogar partidas oficiais por um time da NFL. Nascido em Limeira (SP), ele emigrou para os Estados Unidos ainda na adolescência. Na Tulane University, ganhou o troféu Lou Groza de melhor chutador do College Football em 2012. Foi contratado como kicker pelo time dos Kansas City Chiefs e teve uma boa temporada de estreia, com 25 field goals convertidos em trinta tentativas.

A relação íntima do Brasil com a NFL, contudo, vem de antes disso. O kicker Tim Mazzetti, que jogou nos Falcons entre 1978 e 1980, nasceu nos Estados Unidos, mas viveu em São Paulo dos dois aos 17 anos. Foi aqui, jogando o *soccer*, que aprendeu a chutar.

Outro "quase brasileiro" foi ainda mais longe. Breno Gomes Giacomini nasceu em Cambridge, Massachusetts, filho de pais oriundos de Governador Valadares (MG). Jogando como offensive tackle, ele se sagrou campeão pela equipe dos Seattle Seahawks no Super Bowl XLVIII. Fala português com fluência e vez por outra vem ao Brasil visitar os familiares.

Maikon Bonani esteve muito perto de jogar na NFL. Paulista da cidade de Matão, ele foi morar nos Estados Unidos com 11 anos, em 2000. Depois de uma boa carreira como kicker da University of South Florida, chegou a atuar pelo time dos Tennessee Titans em partidas amistosas da pré-temporada de 2013, mas foi dispensado antes do campeonato.

Bonani, no entanto, não foi o primeiro brasileiro a resvalar na NFL. Natural de Divinópolis (MG), Damian Vaughn pertenceu ao elenco dos Cincinnati Bengals, de 1998 a 2000, e ao dos Tampa Bay Buccaneers, em 2001 e 2002. Ele nunca chegou a entrar em campo, ora devido a contusões, ora devido à sua transferência temporária para os Barcelona Dragons, da extinta liga NFL Europa.

Entenda o jogo

O futebol americano é um jogo de estratégia, força e técnica. Uma partida é composta de uma série de jogadas de curta duração, entre as quais ambos os times se reorganizam e traçam uma nova tática para o lance seguinte.

O objetivo é conquistar território até chegar à linha de fundo do inimigo, a chamada endzone, onde se marcam os pontos. A seguir, uma explicação básica do jogo.

Como se pontua

- **Touchdown** – Acontece quando se leva a bola além da linha de fundo adversária (endzone). O touchdown vale 6 pontos e ainda dá direito a tentar o extra point, um chute por entre as traves que, se bem-sucedido, acrescenta mais um ponto ao placar.
- **Field goal** – Se o time achar que não conseguirá marcar um touchdown, pode tentar um field goal (caso esteja perto o suficiente da endzone inimiga para isso). O field goal consiste em chutar a bola por entre as traves e vale 3 pontos.
- **Safety** – Existe ainda uma espécie de "gol contra" que é chamado safety. Ele vale 2 pontos para o adversário e acontece quando o jogador que tem a posse de bola é derrubado dentro

da própria endzone, quando ele comete uma falta nessa parte do campo, ou, ainda, se deixar a bola escapar e ela sair pelo fundo ou pelas laterais da endzone.

Como começa uma jogada

Um jogador (o center) entrega a bola por entre as pernas ao quarterback, que se posiciona atrás dele. O quarterback pode lançá-la em profundidade, correr com ela ou entregá-la a um jogador ao seu lado.

Como termina uma jogada

O juiz apita e determina o fim da jogada sempre que o atleta que está com a bola é derrubado. A jogada também termina se esse jogador sair pela lateral ou se o quarterback lançar um passe incompleto (aquele em que ninguém consegue segurar a bola antes que ela caia no chão).

Como se mantém a posse de bola

É preciso somar pelo menos dez jardas de avanço a cada quatro jogadas (os downs). Se o time que tem a posse de bola conseguir isso, ganha mais quatro chances, para mais dez jardas. E assim por diante.

🏈 Como se perde a posse de bola

Há cinco situações em que um time perde a bola para o adversário e passa então a se defender:

- **Perda em downs** – Se o time usar suas quatro chances de avanço (os downs) e não tiver êxito em percorrer pelo menos dez jardas, é obrigado a ceder a bola ao adversário no ponto exato em que terminou sua última tentativa.
- **Field goal malsucedido** – Se o time tentar um chute de field goal e não convertê-lo em pontos, o adversário ganha a posse de bola no ponto de onde ela foi chutada.
- **Interceptação** – Acontece quando a bola é "roubada" no ar por um jogador da defesa adversária durante um lançamento do quarterback.
- **Fumble** – É o nome da perda acidental da bola no meio de uma jogada. Se um jogador que tiver a posse de bola deixá-la cair, ela pode ser recuperada pelo adversário.
- **Punt** – É um recurso de segurança empregado geralmente na quarta e última tentativa de avanço. O time chuta a bola para longe, entregando-a ao adversário, mas no ponto mais distante possível. A opção pelo punt acontece quando uma eventual tentativa de avanço no quarto down parecer arriscada demais, devido à posição em campo.

🏈 As equipes

São 11 jogadores em campo de cada lado. Não existe limite de substituições e, por isso, os atletas entram e saem da partida conforme indicação do técnico. Quando o time tem a posse de bola, ele emprega 11 atacantes. Quando perde a bola, troca os atletas em campo por 11 defensores.

◉ O tempo do jogo

São sessenta minutos divididos em dois tempos, que também são divididos, o que resulta em quatro períodos de 15 minutos. Como o cronômetro para em diversas situações, na prática uma partida dura cerca de três horas.

◉ Revisão em vídeo

Sempre que ocorre uma pontuação, ou há uma perda de posse de bola, é realizada uma confirmação da validade da jogada por meio de vídeo.

Além disso, o técnico de uma equipe tem o direito de pedir duas vezes em cada tempo de jogo que o árbitro reveja no vídeo sua marcação. O juiz vai até uma tela de TV na lateral do campo e, se entender que realmente errou, pode voltar atrás. Se mantiver sua decisão após ver o *replay*, o técnico perde um dos três pedidos de tempo a que tem direito naquela etapa de 30 minutos de jogo – primeiro ou segundo tempo.

◉ Jogadores e suas posições

Um time é composto de três unidades: ataque, defesa e especialistas (ou time de chute). Cada uma delas entra em campo conforme a situação do jogo. O ataque atua quando se tem a posse de bola; a defesa, quando não se está com a bola; e os especialistas são convocados pelo técnico em jogadas de chute.

Ataque

- **Quarterback** – É o "cabeça" da equipe, a quem cabe distribuir a bola. Ele pode executar jogadas aéreas, lançando para um recebedor, ou terrestres, entregando a bola diretamente nas mãos de um corredor. Também pode ele mesmo disparar adiante com a bola.
- **Bloqueadores** – Também chamados de linha ofensiva, esses jogadores quase nunca tocam na bola. São os atletas encarregados de proteger o quarterback nas jogadas de passe ou de abrir caminho para os running backs nas tentativas terrestres, empurrando os defensores adversários. Dividem-se em center, offensive guards e offensive tackles.
- **Recebedores** – Recebem lançamentos em profundidade do quarterback. Dividem-se em wide receivers (geralmente leves e rápidos) e tight ends (maiores e mais fortes, também encarregados de bloquear adversários em algumas situações).
- **Corredores** – São aqueles que recebem a bola diretamente das mãos do quarterback e disparam adiante, tentando penetrar a defesa adversária. Dividem-se em running backs (rápidos e ágeis) e fullbacks (geralmente mais pesados, com a responsabilidade de bloquear adversários em algumas jogadas).

Defesa

- **Linha defensiva** – É a primeira linha de combate ao ataque adversário. Pode ser composta de três ou quatro jogadores, de acordo com a estratégia adotada pelo técnico. Os atletas dividem-se em defensive ends (que ocupam as extremidades da linha) e defensive tackles (que se posicionam no interior da linha).
- **Linebackers** – Formam o segundo nível da defesa, posicionando-se algumas jardas atrás da linha defensiva. Também de acordo com a estratégia adotada pelo treinador, três ou quatro jogadores ocupam essa posição.
- **Secundária** – Responsável pela proteção da retaguarda e dos flancos do campo. Emprega dois cornerbacks (que marcam os wide receivers) e dois safeties (que dão cobertura e apoio aos cornerbacks).

Especialistas

São os atletas que atuam nas situações de chute, sejam elas field goals, extra points, punts ou kickoffs. As principais posições são:

- **Long snapper** – Jogador que inicia a jogada, passando a bola para trás por entre as pernas.
- **Holder** – Aquele que recebe a bola e a posiciona contra o solo para que seja chutada, em caso de tentativa de field goal ou extra point.
- **Kicker** – Atleta especialista em chutes de precisão, participa das tentativas de field goal, extra point e kickoff (chute de início e reinício de partida).

- **Punter** – O responsável pelos chutes longos, na troca de posse de bola.
- **Retornador** – Aquele que recebe a bola chutada pelo adversário e tenta avançar o máximo possível com ela.

Glossário básico

AAFC (All-America Football Conference) – Liga fundada para concorrer com a NFL. Embora tenha atraído muitos jogadores e proposto inovações que permanecem ainda hoje, não conseguiu fazer frente à liga concorrente. A AAFF existiu de 1946 a 1949.

AFC (American Football Conference) – A Conferência Americana de Futebol é uma das duas conferências da NFL, ao lado da Conferência Nacional de Futebol (NFC). Foi criada em 1970, quando houve a fusão das ligas AFL e NFL. Suas equipes fazem parte de quatro divisões internas: Norte, Sul, Leste e Oeste. No final da temporada, a equipe vencedora vai para o Super Bowl, representando a AFC contra o campeão da NFC.

AFL (American Football League) – Fundada em 1959, essa liga profissional de futebol americano também pretendia fazer frente à NFL. A AFL teve bastante destaque e terminou por se fundir à NFL em 1970.

Audible – É um comando de voz dado pelo quarterback já na linha de scrimmage, informando uma mudança de jogada. Realizado por meio de códigos (para que o adversário não descubra a estratégia), ele ocorre sempre que o quarterback percebe que a defesa adversária está alinhada de forma a impedir a jogada previamente combinada.

Back – Termo genérico para os jogadores que não estão na linha de scrimmage no começo de uma jogada.

Backfield – Toda área do campo atrás da linha de scrimmage, onde os backs estão posicionados.

Back up – O reserva imediato de um jogador.

Blind side – É o "lado cego" de um quarterback. Ou seja, é o ponto em que ele está mais vulnerável por não ter campo de visão durante o movimento de lançar a bola. Para um quarterback destro, o blind side é o lado esquerdo. Para um quarterback canhoto, é o lado direito.

Blitz – Jogada em que outros jogadores, além dos que compõem a linha defensiva, tentam atacar o quarterback adversário. O objetivo é conseguir o sack (ato de derrubar o quarterback antes que ele lance a bola). A blitz pode ser feita por linebackers, cornerbacks ou safeties.

Bloqueadores – Jogadores da "linha ofensiva" da equipe. São os atletas encarregados de proteger o quarterback e abrir caminho para os running backs. Dividem-se em center, offensive guards e offensive tackles.

Bloqueio – Ato de empurrar um adversário ou obstruir sua passagem, mas sempre sem segurá-lo nem agarrá-lo (o que configuraria falta). É a função principal dos offensive tackles e dos offensive guards.

Bootleg – Jogada em que o quarterback corre com a bola em direção à lateral do campo, no contrafluxo do seu ataque. Permite escapar da pressão da defesa adversária e dar tempo aos wide receivers, tight ends e running backs para entrarem em posição de receber um passe.

Center – É o atleta que começa as jogadas, entregando a bola por entre as pernas ao quarterback, que se posiciona atrás dele.

College Football – Times universitários que jogam principalmente contra outras escolas do mesmo tamanho através do sistema de divisões da National Collegiate Athletic Association (NCAA). A forma mais comum de recrutamento de novos jogadores para times da NFL é o draft, evento anual em que são escolhidos jogadores vindos do futebol americano universitário.

Cornerbacks – Jogadores da zona secundária, da defesa. Sua função é marcar os wide receivers, os jogadores do ataque adversário que recebem lançamentos em profundidade do quarterback.

Corredores – Jogadores que recebem a bola diretamente das mãos do quarterback e disparam adiante, tentando penetrar a defesa adversária. Dividem-se em running backs e fullbacks.

Defensive back – Nome genérico para os jogadores da zona secundária – os cornerbacks e os safeties.

Defensive ends – Jogadores da defesa, ocupam as extremidades da linha defensiva.

Defensive linemen – São os jogadores da primeira linha de defesa. Dividem-se em defensive ends (que ficam nas extremidades) e defensive tackles (que ficam na parte interna da linha).

Defensive tackles – Jogadores da defesa que se posicionam no interior da linha defensiva.

Descida – O mesmo que down ou ainda "tentativa".

Down – É o nome de cada tentativa de avanço de um time durante o seu ataque. Na NFL, um time tem direito a quatro downs para conseguir pelo menos dez jardas, se quiser manter a posse de bola.

Draft – Evento mais importante da intertemporada do futebol americano, no draft são escolhidos os jogadores universitários que passarão a fazer parte dos times profissionais da National Football League.

Drive – É a série de jogadas realizadas por um time desde o momento em que ele consegue a posse de bola até o momento em que a perde, seja em um punt, um turnover ou após pontuar.

Endzones – Áreas retangulares com dez jardas de profundidades, atrás da linha de fundo de cada time. É ali que os jogadores precisam levar a bola para marcar um touchdown.

Especialistas – É o nome que se dá ao grupo de jogadores que atuam em situações de chutes, seja um punt, um kickoff, uma tentativa de field goal ou de extra point.

Extra point – Ponto extra conferido a um time que acerta um chute entre as traves, logo após a marcação de um touchdown.

Facemask – A máscara facial é a parte do capacete que cobre diretamente o rosto. É uma importante proteção para os jogadores, feitas de metal coberto com borracha ou plástico.

Fair catch – Recurso para garantir a integridade física do retornador de chutes. É empregado quando esse jogador percebe que será derrubado antes de ter a chance de avançar ao receber a bola. Ele sinaliza, acenando com o braço enquanto a bola ainda está no ar. Isso significa que está abdicando de avançar. Em contrapartida, os jogadores do time adversário não podem tocá-lo.

Fake pump – É o movimento de braço do quarterback quando ele finge lançar a bola, mas não o faz.

Field goal – Chute em direção às traves que, se bem-sucedido, vale 3 pontos.

First down – Também chamado de "primeira descida", é a tentativa inicial de avanço em uma série de descidas. Quando um time consegue somar pelo menos dez jardas em até quatro descidas, diz-se que "conquistou o first down".

Flea flicker – Jogada desenhada para confundir a defesa adversária. O quarterback entrega a bola nas mãos do running back, insinuando se tratar de uma jogada terrestre. O running back, no entanto, devolve a bola ao quarterback. Com a defesa desprevenida, o quarterback faz então uma jogada aérea.

Franquia – Sinônimo para "clube" no futebol americano.

Fullback – Misto de bloqueador e corredor. Na maioria das vezes, serve para abrir caminho para o running back, bloqueando adversários à sua frente. Em outras ocasiões, ele mesmo pode carregar a bola.

Fumble – Perda acidental da posse de bola por contato adversário ou por descuido. Sempre que ocorrer o fumble, a posse de bola é de quem recuperá-la.

Hail Mary (Ave-Maria) – Jogada usada em situações de desespero, normalmente nos últimos segundos da partida. A equipe de ataque põe todos os seus recebedores em campo e os instrui a correr para a endzone adversária. O quarterback então tenta um passe longo.

Halfbacks – Hoje são sinônimos de running back, mas tiveram outras funções no começo do futebol americano.

Handoff – É o ato de entregar a bola de mão para mão, sem lançamento.

Hashmarks – São marcações no gramado a cada jarda. A bola é colocada nas hashmarks, ou entre elas, em toda nova jogada.

Head coach – É o técnico principal de um time.

Holder – Jogador especialista que recebe a bola e a posiciona contra o solo para que seja chutada pelo kicker, em caso de tentativa de field goal ou extra point.

Huddle – Reunião dos jogadores realizada antes de cada jogada.

Interceptação – Bola roubada pela defesa em uma jogada aérea.

Kicker – Atleta especialista em chutes de precisão, participa das tentativas de field goal, extra point e kickoff.

Kickoff – Chute que inicia a partida ou a reinicia após haver uma pontuação.

Linebackers – Jogadores que formam o segundo nível da defesa, posicionando-se algumas jardas atrás dos jogadores da linha defensiva.

Linha defensiva – É a primeira linha de combate ao ataque adversário. Os atletas dividem-se em defensive ends e defensive tackles.

Linha de scrimmage – Esta é a linha que divide os territórios de cada time. Nela se inicia cada jogada.

Long snapper – Jogador especialista que inicia a jogada de chute, passando a bola para trás por entre as pernas em direção ao holder ou ao punter.

Motion – Movimentação de um jogador do ataque, ainda na linha de scrimmage, antes do snap, o passe inicial da bola no jogo.

MVP (Most Valuable Player) – Título concedido ao melhor jogador de uma partida ou mesmo do campeonato.

NCAA (National Collegiate Athletic Association) – Em 1905 o presidente Theodore Roosevelt ameaçou proibir o esporte após uma série de mortes de jogadores por lesões sofridas durante os jogos. Para que fossem estabelecidas e respeitadas regras que diminuíssem a violência em campo surgiu a NCAA.

NFC (National Football Conference) – A Conferência Nacional de Futebol é uma das duas conferências da NFL, ao lado da Conferência Americana de Futebol (AFC). Foi criada em 1970, quando houve a fusão das ligas AFL e NFL. Suas equipes fazem parte de quatro divisões internas: Norte, Sul, Leste e Oeste. No final da temporada e a equipe vencedora vai para o Super Bowl, representando a NFC contra o campeão da AFC.

NFL (National Football League) – Fundada em 1920 com o nome American Professional Football Association, em 1922 passou a se chamar National Football League – Liga Nacional de Futebol Americano. Com 32 times, milhões de fãs e alta renda, a NFL é uma das maiores ligas do esporte mundial.

NFL Europa – Tentativa da NFL de se estabelecer no continente europeu para aumentar a popularidade do futebol americano. Existiu de 1995 a 2007.

No huddle – Estratégia em que não há a realização do huddle. A jogada é combinada previamente, ou mesmo na linha de scrimmage, com o intuito de dificultar a marcação adversária ao diminuir o tempo para que ela se prepare ou possa substituir jogadores.

Nose tackle – Jogador de defesa que fica no meio da primeira linha, geralmente grande e muito pesado. Sua função em campo é "atacar" os bloqueadores adversários e tentar chegar ao quarterback.

Offensive guards – Jogadores da "linha ofensiva", sua posição é ao lado do center e têm como função bloquear os defensive tackles da equipe antagonista durante os passes.

Offensive tackles – Esses jogadores se posicionam nas extremidades da "linha ofensiva". Encarregados de proteger o quarterback nas jogadas de passe, também abrem caminho para os running backs ao empurrar os defensive ends do time adversário.

Offseason – Também chamado "intertemporada", é o período entre o final de um campeonato e o começo de outro.

One-platoon system – O "sistema de pelotão" corresponde à época em que os mesmos atletas em campo revezavam-se entre ataque e defesa. Foi substituído pelo two-platoon system, "sistema de dois pelotões" na década de 1940, um deles encarregado do ataque e o outro atuando apenas na defesa.

Onside kick – Jogada de "último recurso" realizada pelo time de especialistas no chute de reinício de partida (kickoff), normalmente quando o time está perdendo e falta pouco tempo para o fim do jogo. Em vez de chutar com força para a frente, o kicker toca com leveza, em diagonal, apenas o suficiente para que a bola ultrapasse as dez jardas previstas na regra. O objetivo é recuperar a posse de bola rapidamente. Raramente dá certo.

Pass rush – Ato de pressionar o quarterback e forçá-lo a cometer um erro: em vez de ficarem na cobertura, os jogadores da defesa partem para cima do lançador.

Pistol – A formação pistol foi inspirada na formação shotgun, que favorece o jogo aéreo. Criada para alterar um pouco a colocação do quarterback em campo, aumenta a efetividade do jogo terrestre. O quarterback fica mais próximo do center do que na formação shotgun (de quatro ou cinco jardas a distância diminui para três ou quatro jardas da linha de scrimmage), possibilitando o posicionamento do running back duas ou três jardas às suas costas – e não mais ao seu lado. Isso reduz o tempo para que a bola chegue até ele e lhe dá mais espaço para correr em seguida, dificultando a leitura da defesa adversária.

Play-action – É o ato de simular a entregar da bola nas mãos do running back e, em seguida, tentar um lançamento, para pegar a defesa adversária desprevenida.

Playoffs – É a fase final do campeonato, em sistema de mata-mata.

Pocket – É a área imaginária em que o quarterback está protegido por seus bloqueadores. Também conhecido com "bolsão de proteção".

Preseason – É o período de treinamentos e jogos amistosos antes do início do campeonato. Chamada de "pré-temporada" em português.

Pro Bowl – Partida amistosa realizada anualmente com a participação dos melhores jogadores da temporada, eleitos por torcedores, treinadores e pelos próprios atletas.

Punt – É um recurso de segurança empregado geralmente na quarta e última tentativa de avanço. O time chuta a bola para longe, entregando-a ao adversário, mas no ponto mais distante possível.

Punter – O responsável pelos chutes longos, na troca de posse de bola.

Quarterback – É o "cabeça" da equipe, a quem cabe distribuir a bola entre os outros jogadores.

Recebedores – Recebem lançamentos em profundidade do quarterback. Dividem-se em wide receivers e tight ends.

Redzone – Região do campo entre a marca de vinte jardas e a endzone. É conhecida como "zona de perigo", onde as chances de pontuação são grandes.

Retornador – Aquele que recebe a bola chutada pelo adversário e tenta avançar o máximo possível com ela.

Running backs – Jogadores do ataque que recebem a bola diretamente das mãos do quarterback e em seguida tentam penetrar a defesa adversária. Têm também a responsabilidade de bloquear adversários em algumas jogadas.

Sack – É o ato de derrubar o quarterback adversário atrás da linha de scrimmage, antes que ele consiga realizar um passe.

Safeties – Jogadores da defesa secundária que dão cobertura e apoio aos cornerbacks em sua marcação aos wide receivers e tight ends do time adversário. Também tentam parar running backs desgarrados que tenham passado pelos níveis iniciais da defesa.

Safety – Espécie de "gol contra" do futebol americano. Vale 2 pontos para o adversário e acontece quando o jogador que tem a posse de bola é derrubado dentro da própria endzone, quando ele comete uma falta nessa parte do campo ou ainda se deixar a bola escapar e ela sair pelo fundo ou pelas laterais da endzone.

Scramble – É o movimento de fuga realizado pelo quarterback com o objetivo de evitar um sack.

Secundária – É o setor da defesa encarregado de cobrir as laterais e o fundo do campo. Compõe-se de cornerbacks e safeties.

Shotgun – Formação de ataque que surgiu com o objetivo de melhorar o jogo aéreo. O quarterback se posiciona atrás do center a quatro ou cinco jardas da linha de scrimmage, facilitando a leitura do campo e dando-lhe tempo para tomar decisões.

Sideline – Limites laterais do campo. Atrás dela ficam os técnicos e os jogadores que não estão atuando naquele momento.

Snap – É o movimento de pôr a bola em jogo. Realizado pelo center, consiste em passar a bola entre as pernas ao quarterback.

Spike – Ato de atirar propositadamente a bola ao chão, simulando um passe incompleto, com a intenção de parar o cronômetro do jogo e dar tempo à equipe de planejar a próxima jogada. É utilizado quase sempre nos segundos finais de uma partida.

Strong side – Lado do campo em que o tight end está alinhado no início de uma jogada.

Super Bowl – O Super Bowl é a grande final da NFL, disputada entre os campeões da AFC e da NFC. O time vencedor recebe o Troféu Vince Lombardi, com o formato da bola oval. O nome do troféu é uma homenagem ao lendário técnico dos Green Bay Packers, equipe vencedora do primeiro Super Bowl, realizado em 1967.

Tackle – Movimento de interromper o avanço do adversário, que carrega a bola, derrubando-o com um encontrão ou por meio de uma "agarrada".

Third string – O segundo atleta reserva de um jogador.

Tight ends – Jogadores do ataque com características mistas. Em muitas jogadas atuam como bloqueadores. Em outras, recebem lançamentos do quarterback.

Touchdown – Ato de levar a bola até a endzone adversária. Vale 6 pontos.

Training Camp – Treinamentos que ocorrem antes do começo do campeonato.

Turnover – Perda acidental da posse de bola, seja por uma interceptação, seja por um fumble.

Two minute warning – Parada obrigatória que ocorre nos jogos da NFL quando faltam dois minutos para acabar o segundo período (no primeiro tempo) e o quarto período (no segundo tempo).

Two point conversion – Também chamada "conversão de 2 pontos", é uma alternativa ao chute de extra point quando se marca um touchdown. A equipe tenta anotar um novo touchdown partindo da linha de duas jardas. Se bem-sucedida, a jogada vale 2 pontos.

USFL (United States Football League) – A Liga de Futebol dos Estados Unidos foi também uma das concorrentes da NFL que deixaram de existir. A USFL atuou apenas entre 1983 e 1985.

Weak side – O lado do campo oposto àquele em que o tight end em campo está alinhado no início de uma jogada.

West Coast Offense – Filosofia de jogo ofensivo que utiliza passes curtos e rápidos, além das corridas e lançamentos longos.

Wide receivers – Jogadores do ataque que recebem lançamentos em profundidade do quarterback.

Wild Card – Time que se classifica para os playoffs sem ser campeão da sua divisão.

Zona neutra – É o espaço em que nenhum jogador, exceto o center, pode estar no início de uma jogada. Define-se por uma linha que atravessa o campo de um lado a outro e tem a profundidade do tamanho de uma bola.

Referências bibliográficas

BOWDEN, Mark. *The best game ever*. 1 ed. Nova York: Atlantic Monthly Press, 2008.

BUCKLEY, James; GIGLIOTTI, Jim. *The official treasures of the National Football League*. 1 ed. Chicago: Triumph Books, 2009.

CONNER, Floyd. *Football's most wanted*. 1 ed. Washington, D.C.: Potomac Books, 2000.

COSTAS, Bob; GARNER, Joe. *100 yards of glory – The greatest moments in NFL history*. 1 ed. Nova York: HMH, 2011.

JAWORSKI, Ron. *The games that changed the game*. 2 ed. Nova York: Ballantine Books, 2010.

KING, Peter. *Monday morning quarterback*. 1 ed. Nova York: Sports Illustrated, 2009.

LAHMAN, Sean. *The Pro Football historical abstract*. 2 ed. Guilford: The Lyons Press, 2008.

LAZENBY, Roland. *The pictorial history of football*. 2 ed. San Diego: Thunder Bay Press, 2002.

MacCAMBRIDGE, Michael. *America's game, the epic story of how pro football captured a nation*. 2 ed. Nova York: Anchor Books, 2006.

MAKI, Allan. *Football's greatest stars*. 1 ed. Buffalo: Firefly, 2008.

MARTIRANO, Ron. *Book of football stuff*. 1 ed. Nova York: Imagine, 2010.

McDONNEL, Chris (org.). *The football game I'll never forget.* 1 ed. Buffalo: Firefly, 2004.

PALMER, Pete. *The ESPN Pro Football encyclopedia.* 1 ed. Nova York: Sterling Pub., 2006.

PAOLANTONIO, Sal. *How football explains America.* 1 ed. Chicago: Triumph Books, 2008.

SHEPATIN, Matthew. *Then Madden said to summerall...* 1 ed. Chicago: Triumph Books, 2009.

STEIDEL, Dave. *Remember the AFL.* 1 ed. Cincinnati: Clerisy Press, 2008.

SULLIVAN, George. *Football rules illustrated.* 4 ed. Nova York: Fireside Books, 1985.

WALSH, Bill. *The score takes care of itself.* 2 ed. Nova York: Portfolio, 2009.

Impressão e acabamento:

Orgrafic
Gráfica e Editora
tel.: 25226368